Ⓢ新潮新書

山下泰裕
YAMASHITA Yasuhiro

背負い続ける力

463

新潮社

はじめに

全日本柔道チームの監督として、2000年のシドニーオリンピックを目指して指導に明け暮れていたころ、突然、時の総理大臣である小渕恵三さんの秘書の方から連絡が入った。

「教育改革について、山下先生のご意見をお聞きしたい」

この時は、四日後に出発する海外遠征を控え、多忙を極めていた。意見表明の締め切りは帰国してから二日後だというから、出発前に考えなければ間に合わない。日程的には非常に厳しかったが、教育者として日本の教育の現状について言いたいことがあったので、手紙を書くことにした。

日常業務を終えた夜、秘書には外部から入るすべての電話を取り次がないようお願いした。研究室の蛍光灯をすべて消し、手元のスタンドの明かりだけを灯す。考えることに集中できる環境を作り出し、思いのたけを文字にした。

三日間かけてまとめあげた小渕首相への手紙は、海外遠征に出発する前にポストに投函した。手紙に書いたのはこんな内容だ。

昨日生まれた子どもも百年前に生まれた子どもも、基本的には何も変わらない。子どもがどのように育つかは、確かに家庭環境、学校教育、地域教育に関係があるだろう。しかし、最も影響しているのは世の中の価値観ではないだろうか。子どもではなく大人に責任があると私は考えている。

昨今は地位、権力、お金、物が最も価値あるものとされている。学校で知識さえ詰め込んでおけば手に入れることができるというゆがんだ考えに支配されている。家庭内暴力、いじめ、登校拒否、自殺などの社会問題は、大人社会の価値観の反映であり、こうしたゆがみに端を発している。

教育は知・徳・体をバランス良く育むことが大切である。現在は知に偏りすぎ、徳が軽視されている傾向にある。

それは、大人の倫理観の欠如に他ならない。

組織防衛、利益追求という名のもとに、大人は良心の呵責《かしゃく》もなく恥ずべき行動に走っている。子どもがこうした風潮の影響を受けないわけがない。大人が襟を正し、人間としていかに生きるか、いかにあるべきかを自らに問い、しっかりとしたものの見方、考え方、価値観に裏づけられた行動を取るべきだ。

かつて、日本人は世界も羨む心を持っていた。それは誇りと言ってもいい。生活は質素でも、人間としての誇りと名誉と信頼を大切にし、先祖や自然を敬い、家族と地域を大事にする思いやり、助け合いの心を持っていた。そのなかで、人間としての生き方、あり方を学び、高い理想、価値観が培われていったのである。

何よりもまず、日本人の心を学ぶ必要がある。そうした心を持った日本人であればこそ、世界平和に貢献でき、世界から信頼される国になるのだと思う。

私たち大人が心掛けなければならないのは、次の時代に何を残すかである。その根本にあるのが、まさに教育だと言えるのではないか。

後日、小渕首相の決裁によって二〇〇〇年三月に設置された私的諮問機関、教育改革国民会議（座長・江崎玲於奈氏）のメンバーに選ばれた。教育問題の専門家のほか、ウシオ電機会長の牛尾治朗さん、劇団四季代表の浅利慶太さん、作家の曽野綾子さん、ジャーナリストの大宅映子さんなどが名を連ねていた。聞くところによると、各界のリーダー約三〇〇人に意見を聞き、そこから二六人に絞られたそうだ。選出理由をお聞きしたことはないが、私の手紙が小渕首相に最も早く到着したからではないかと思っている。

小渕首相への手紙には、教育者として私が訴えたいことがすべて表現されている。伝えたかったのは、教育について考える以前に、まずは大人が自分に恥じない生き方をすることが先だということだ。そうした環境が整わない限り、子どもたちだけにいくら変われと言っても、何も変わらないのではないだろうか。

残念ながら、一〇年以上経ったいまでも、手紙に書かれた状況はほとんど変わっていない。その状況を、私が携わっているスポーツを通じて変えていけないだろうか。そう思いながら日々、活動を続けている。

日本では、スポーツ界の社会的評価が十分高いとは言えない。

現役時代、そして指導者としてスポーツ界に関わっていた頃は、日本のスポーツが盛んになるためにもっと国が策を出してほしいと感じていた。スポーツの評価が高くならないのは、スポーツが票につながらないと考える政府や政治家が熱心に取り組まないからだと考えていた。

しかし、ここ一〇年ほどで徐々に考え方が変わってきた。指導者を離れ、一歩外から世界のスポーツ界を眺めると、一線を退いたスポーツ選手たちが新たな人生にチャレンジする姿を目にすることが多くなった。医者、弁護士、ビジネスパーソン。彼らの多くは、自分のやってきたスポーツとはまったく異なるフィールドに戦いを挑んでいった。それだけでなく、ボランティアやチャリティーなどをはじめ、社会貢献活動にも熱心に取り組んでいた。

翻って日本のスポーツ界を見ると、競技を引退した後の人生でも現役当時と同じ思いを持って頑張っている人がどれほどいるだろうか。自分や自分の周囲のことだけに目を向けるのではなく、少しでも社会全体を良くしようと立ち上がった人がどれほどいただろうか。心の中に熱い思いを持っている人はいたかもしれないが、それを実際の行動に移した人は多くなかったのではないか。世界のスポーツ界をつぶさに見ていくうち、われわれ日本のスポーツ人にはそうした部分が欠けていたということを痛感した。

二〇一一年三月一一日、東日本大震災が起こった。その後の大津波によって家や家族を失う人が続出し、福島第一原子力発電所に甚大な事故が発生した。

ミュージシャン、アーティスト、宗教家、学生、ビジネスパーソン、主婦。東北の被災者を支援するために、世界中のあらゆる人々が立ち上がった。日本のスポーツ界も例外ではなかった。競技を問わず、プロ、アマを問わず、多くのスポーツ人が行動を起こした。現地に足を運んで被害の凄まじさに呆然としながらも、被災者と一緒にスポーツを楽しむひとときを提供する選手も多かった。特に、私よりも若い世代の人たちが積極的に支援や慰問の手を差し伸べていたのが印象的だった。

スポーツ人が誰よりも努力を重ねてきたのは事実である。楽しいことをなげうち、膨大な時間を費やして、どうしたらその競技で頂点に立てるかを必死に考えて自己研鑽に励んできた。確かに、その姿勢は称賛されていい。

しかし、成功を手にすることができたのは、自分一人の力によるものではないことを決して忘れてはならない。素晴らしい指導者との出会い、家族や職場をはじめとする周囲の理解と協力。こうした人たちの支援がなければ、目標は達成できなかったはずだ。

世界のスポーツ人は、それをよく理解している。だからこそ、現役の選手も一線を退いた元選手も、支援してくれた社会に恩返しをしようと行動する。

スポーツ人が社会貢献活動に取り組む姿は、子どもたちの記憶に刻まれる。スーパースターに憧れ、やがて優れたスポーツ人となっていく子どもたちに、その姿勢は連綿と受け継がれていく。

二〇一一年に起こった出来事では、スポーツが人々に夢や希望を与えるものだということも再認識できた。被災地でサッカーに興ずる子どもたち、バレーボールやバスケットボールに汗を流す人々、被災しながらも甲子園を目指した若者たち。それだけですべての苦しみや悲しみから解放されるわけではないが、スポーツに取り組むことは心の安定を取り戻すうえで一定の役割を担うことができると感じた。

足がすくむような現実を前にして、多くのスポーツ関係者もスポーツに何ができるかということを必死に考えたと思う。考えて考え抜いた結果、被災者に自分なりの支援の手を差し伸べた日本のスポーツ人を見て、これから先のスポーツのあるべき姿が見えたような気がした。

不幸な出来事が契機になったとはいえ、日本のスポーツ人の意識と、日本人のスポーツ観が変わっていくことを期待している。せっかく胎動したこの動きを大切にし、さらに大きなものにするために、私も力を尽くしていきたいと思う。

本書では、私の人生を振り返りながら、思うところを綴ってみた。

自分でそう望んだわけではないが、改めて見てみると、私は常に「何か自分以外のもの」を背負いながら人生を歩んできたようである。そんな生き方は、人によっては「古くさい」と感じるかも知れない。しかし、私は思うのだが、人間は「自分のため」だけを考えている時には、大した力を発揮できない。家族のため、恩師のため、日本のためと、自分よりも大きなものを背負っている時にこそ、ずっと大きな力が出せる。古来「情けは人の為ならず」と言うが、自分以外のもののために戦い続けていると、結果的に人が自分を助けてくれるようになるし、自分も成長し、ひとりではなし得なかったような大きな果実を手にする機会も巡ってくる。何かを背負い続けてきた人生に、私は一片の悔いもない。

小渕首相宛の手紙にも記したとおり、私たち大人が心掛けなければならないのは、次の時代に何を残すか、である。私が本書に記したことの中に、少しでも残すに値するものがあれば幸いだ。

背負い続ける力——目次

第一章

期待を背負う

一九七五年、高校三年時のインターハイ決勝

日本一の環境へ飛び込む

私が柔道を始めたのは九歳の頃だ。翌年、小学校四年生で初めての対外試合に出場した。大会の名称は「熊本県小学校柔道大会」といった。私は一回戦で敗退する。

それからは、週二回の練習に取り組むことで多少腕を上げた。翌年出場した熊本県大会では決勝に進んだ。試合は延長戦までもつれ込むが、技がすっぽ抜けて体勢を崩したところを相手に押さえ込まれて負けた。

そのころは、試合に負けてもそれほど悔しさが湧き起こらなかった。

敗戦を機に眠っていた闘志に火がつき、人が変わったように柔道に打ち込むようになった、などというドラマチックな転機も訪れなかった。むしろ、一回戦で私に負けた六年生の相手が、会場で泣き続けていた姿が不思議でならなかった。

「何でこんなことでいつまでもメソメソしているんだろう、情けないなあ」

負けて泣いた選手も、準決勝で私に敗れた選手も、決勝で私が負けた相手も、のちに中学校で先輩になる人たちだった。このときは、先輩たちのほうが勝負に対するこだわりを持っていたようだ。

私は極度の負けず嫌いだ。しかし、当時は、負けず嫌いの性格が顔を出すほど柔道に打ち込んでいたわけではない。関心を寄せていたのは、小学校の代表として取り組んでいたソフトボールだった。週二回の道場通いは、しょせん遊びの延長にすぎなかった。

もちろん、目の前の試合に勝てば嬉しかった。負ければそれなりに悔しさは心に湧き起こった。正直に言えば、勝負より重要だったのは、勝ってもらえる優勝カップのほうだった。


小学校六年生になったばかりのころ、熊本市内の中学校からスカウトされた。

「藤園中学に来て、柔道をやらんかね」

私を熱心に勧誘してくれたのは、藤園中学校で柔道部を指導していた白石礼介先生だった。白石先生が熊本県大会で私を見たときの印象はこうだ。

「大柄にもかかわらず動きが早い。鍛えればものになる」

藤園中学柔道部は一九六一年に創部された。その年に初めて出場した熊本県大会でいきなり優勝し、そこから九連覇を記録した不敗を誇る中学校だった。まだ中学校の全国大会がなかった時代、日本一という実績こそなかったものの、その名が全国に轟《とどろ》くほど中学柔道界では図抜けた存在だった。全国トップクラスの実力を持った中学校の指導者が、私のような者に声をかけてくれたのが不思議だった。

当時、私は小学校の仲間たちと地元上益城郡《かみましき》の浜町中学校に行く約束をしていた。浜町中学校でソフトボールをやろうと話し合っていた。真剣に柔道に打ち込んでいたわけではない小学生にとって、スカウトと言われてもピンとこなかった。全国トップクラスの柔道部に入ることよりも、友人たちと交わした約束のほうが重要だった。

「熊本には行かんけん」

白石先生には申し訳なかったが、その場で断った。

その後も先生は何度か自宅まで足を運んでくれた。それでも「僕は浜町中学に行くのだから、もう放っておいてほしい」というのが偽らざる心境だった。

ある日、白石先生が藤園中学の部員数人を連れて家に来た。柔道の話には花が咲くものの、いっこうに首を縦に振らない私に向かって白石先生が切り出す。

「これから、藤園の柔道ば見に行こう」

夜の八時だった。藤園中学までは車で一時間以上かかる。気乗りはしなかったが、しぶしぶついていった。

藤園中学に着いたのは午後九時を回っていた。あたりは暗闇だったが、柔道場の明かりだけが浮かんでいた。中に入ると、道場では黒帯を締めた部員たちが打ち込みに精を出している。しばらく見ていると、白石先生に声をかけられた。

「みんなと一緒にやってみんかね」

相手に指名されたのは、私よりずっと小柄な選手だった。遠慮せずに思い切ってぶつかったが、まったく歯が立たなかった。しばらくすると、白石先生は別の子どもに向かって相手をするよう声をかけた。私と同じような体格の子どもだった。一人目に組んだ相手ほど強さを感じなかったが、その相手との戦いでも分が悪かった。

練習が終わったあと、近くのラーメン店で食事をした。その席で、二人目に組んだ相手に聞いてみた。

「何年生ですか?」

「僕? 僕は六年生だよ」

同学年だが見たことはない。不思議に思い、再び尋ねる。

「県大会出た?」

出ていないという。聞けば、藤園中学の道場に入門してから、まだ半年程度の経験しかないそうだ。

経験の浅い相手にすら勝てなかったことに、ほんの一瞬だけ悔しさが湧いた。しかしよく考えてみると、彼は半年とはいえ日本でもトップクラスの道場で毎日練習を重ねている子どもだ。週に二回ほどのんびり練習している選手と比較して、上達が早いのは当然のことである。

妙な言い訳に納得すると、この日の出来事はすぐに忘れた。生来の負けず嫌いの性格に火がつくことはなく、依然として心は動かなかった。やがて、中学校の入学手続きの期限が迫ってくる。

小学校の担任の訪問を受けた山下家では、家族会議を開くことになった。両親と祖父母のほか、二人の弟たちも同席していた。

「何も中学生から家を離れることはない」

父と母は、ともに藤園中学行きには反対した。もちろん、私も地元の浜町中学に行くつもりだった。そのとき、祖父が口を開いた。

「浜町におったら伸びんぞ。爺ちゃんの家ば来て、藤園中ば行くがよか」

このひと言で決定した。当時、仕事の関係で熊本市内に一人住まいをしていた祖父の家に下宿すれば、懸念された通学の問題もクリアされる。こうして親元を離れ、日本一強い中学校で、私は本格的に柔道に打ち込んでいくことになる。

「相手を親の仇だと思っていけ！」

藤園中学の練習は、非常に厳しかった。

基本的には乱取りと呼ばれる試合形式の練習が中心で、練習時間もやたらに長い。試合の帰りに父兄を交えて食事をしていても、白石先生は気になることがあると道場に戻って練習すると言い出した。食事中のテーブルを脇にどけて即席の道場を作り、その場で指導が始まることさえあった。

先輩には実力者が揃っていた。入学したての一年坊主がすぐに試合に出られるほど甘い世界ではない。試合に出るには、まず先輩たちに勝たなければならなかった。

ある日、白石先生に呼ばれた。先輩選手との部内試合に勝てと命じられた。夏の北九州中学校大会に私を起用しようと考えた白石先生は、部内試合に勝って試合に出ることを周囲に認めさせろと迫った。

見ようによっては「えこひいき」である。

高い実力を備えていても、チャンスさえ与えてもらえない選手がゴロゴロいたのが藤園中学柔道部だった。現に、父兄からは不平の声もあがった。あらゆる反発を言下に退けるほど、白石先生は私に情熱を注いでくれた。

先生の期待に応え、部内試合に勝った。晴れて北九州中学校大会にエントリーされた。決勝までの五試合のうち二試合に出場し、すべてに勝利を収めた。直後に行われた第一回全国中学校柔道大会はさすがに補欠に回ったが、それ以後藤園中学の正選手に定着することになった。

中学に入学すると同時に、白石先生から二つの高い目標を課せられた。

「高校一年生でインターハイ優勝」

「高校三年生で全日本柔道選手権大会出場」

高校三年生までにインターハイを制覇せよという目標であればわかる。しかし、白石先生は当時誰も実現していない一年生での優勝を果たせと命じた。中学一年生の私にとって、残された時間はほぼ三年間しかない。

全日本柔道選手権大会は、毎年四月に日本武道館で行われる日本柔道界最高峰の大会である。大学生、社会人の猛者《もさ》を倒して予選を突破しなければ出場できない。過去に高校生で出場した選手も二人いたが、そう簡単に達成できる目標ではない。残された時間は五年。半信半疑のまま、遠い目標に向かって稽古に邁進した。

私の体格は、中学三年生の時点で身長一八〇センチ、体重は一一七キロあった。これ以後は身長の伸びも緩やかになり、私よりも大きい選手が増えてくる。だが、中学校の段階では対戦相手より私の方が大きかった。

とはいえ、体重や力に頼って相手を投げる柔道はしなかった。白石先生が中量級の柔道を指導してくれたからだ。中量級の柔道とは、動いて、足を使い、相手を崩してから投げる柔道である。

私ほどの体格がある選手がいたら、ほとんどの指導者は大きさを生かした柔道スタイルを求めるだろう。中学生の技術レベルでは、そのほうが勝てる確率は高くなるから当然のことだ。

白石先生は、力任せの柔道をさせない理由を教えてくれた。そこには、長期的な視点に立った私への期待が込められていた。

「泰裕よ、将来おまえが戦っていくのは、必ずおまえよりも大きい相手になる。体格を生かして自分より小さい相手を投げる柔道をしていて、自分より大きい相手を投げることができるか」

成人してから故郷に戻り、当時のチームメイトと話をする機会があると「おまえの柔道は、中学時代から何ひとつ変わっていないな」と必ず言われる。白石先生から指導された柔道が合っていたのだろう。私が自分より体の大きい外国人に一度も負けなかったのは、この柔道のおかげである。

後年、どこに可能性を感じたのか白石先生に尋ねたことがある。

「一〇のことを教えたときに、三か四ぐらい吸収するのが普通の選手だ。おまえは一〇のことを言ったら一二吸収した。俺にはそう見えた。おまえは、必ず世界を相手に戦う人間になると確信した」

そんな白石先生も試合になると豹変した。眼光鋭く、こう言ったものだ。

「おい、相手を親の仇《かたき》だと思っていけ！」

戦いはやるかやられるかの真剣勝負。全身全霊を傾けろと教えられた。しかし戦いが終わればすぐに心を静め、相手に対して感謝や尊敬を込めて礼を重んじなければならない。白石先生は、謙虚で素直な人間になって人生の勝利者を目指せと教えてくれた。

「泰裕、柔道が強いだけではだめなんだぞ。頭も強くなければだめなんだ。昔の人は文武両道といって、学問にも武芸にも励んで世のため人のために尽くしたものだ。これはいまでも同じ。柔道だけでなく、勉強もしっかりやって立派な人間になれ」

私には大切な二人の恩師がいる。白石先生は、中学校時代の私に柔道の基礎を教え込んでくれた恩師である。そして、人間としての基礎も教え込まれたと思っている。

具体的目標を持つ

中学三年生のときに書いた「人生観について」という作文がある。祖父泰蔵の著書『泰裕よ世界にはばたけ』（東海大学出版会）にも全文が掲載されているが、最近になって祖父の字で書かれたものが見つかった。おそらく、作文を祖父が転記していたのであろう。


人生観といっても、むつかしいので「将来のこと」を書きます。

僕には、二つの目標があります。一つは柔道大会、高校、大学で団体、個人とも優勝すること。高校は九学（筆者注・熊本県の九州学院）で、大学は明大でと考えている。そして世界選手権、オリンピックで優勝し、メインポールのまん中に、日の丸をあげ君が代の演奏を聞きながら、空を見上げたい。そういうことを時々思い浮べる。

自分は柔道が好きだ。その後柔道師になりたい。そして、柔道を世界に広める。しかし今の柔道の一線級の人のように、大企業の下で働きながら柔道をするかもしれない。そして少年に柔道を教えたい。そして中年、老年頃に、柔道の真髄をつかみたい。

もう一つは、違った方向に進みたいが、だれにも話していないし、だから書きません。あんがいその方向に進むかもしれない。男である以上、良い意味での名を残したい。（原文ママ）

中学校三年生の段階で、すでに将来の具体的な目標を明確に見定めていた。大きく言うと三つの柱がある。

「所属する学校すべてで完全なる勝利を収めること」

「世界選手権とオリンピックで世界の頂点に立つこと」

「引退後は指導者として子どもたちや世界に柔道の真髄を広めること」

このときに立てた目標に向かって邁進し、私は結果的にすべての目標を達成することになる。目標を具体的に設定し、それを実現しようと強く思うことは、夢を叶えるために欠かせない要素だと思う。

余談になるが、この作文には二つほど実現しなかったことが書かれている。一つは明治大学への進学だ。

当時の明治大学柔道部は、大学柔道界屈指の強豪だった。作文を書いた一九七二年の時点で、大学日本一を決める全日本学生柔道優勝大会は二一回開催されている。明治大学はそのうち優勝一二回、準優勝三回、四強入り三回という成績を残していた。地元の先輩の何人かが進学していたこともあって、日本一の大学に入って日本一の称号を手にしたいと考えていたのだろう。

後に母校となる東海大学は、その時点では明治大学に後れを取っていた。一九七三年に全日本学生柔道優勝大会で初めて四強入りを果たし、初優勝するのは私が大学二年生になった一九七七年である。東海大学は、以後明治大学などの強豪校を凌ぎ、大学日本一への階段を急速に駆け上がっていくことになる。

もう一つ実現していないことは、作文の最後のほうに書かれている「違った方向に進みたい」というくだりである。

いまとなっては明確な記憶はないが、おそらく、相撲界に進むことだったと思う。ちょうどこの時期、腰を痛めて数カ月間練習できない状態が続いていた。柔道ができなくなったときのことを考えていたのかもしれない。ただ、そこは幼い中学生の考えることだ。腰を痛めて柔道ができなくなった人間に相撲ができるはずがない。

中学三年生に進級する直前、白石先生のもとに九州学院高校の面倒を見てほしいという依頼が舞い込んだ。九州学院高校は白石先生の母校である。聞くと、それまで九州学院高校柔道部を教えていた指導者が、個人的な事情で学校を辞めることになったのだという。後継者候補として、白石先生の名前が挙がったというわけだ。

白石先生の職業は教師ではない。藤園中学校柔道部の指導も、教師という立場で行っていたわけではない。したがって、白石先生が藤園中学校と九州学院高校の指導を兼務することに支障はない。

白石先生は快く引き受け、九州学院高校柔道部の監督に就任した。そのことで藤園中学校の柔道部員にもメリットがあった。九州学院高校の道場で、ワンランクレベルの高い高校生と一緒に練習する機会ができたことだ。

藤園中学校は、全国中学校柔道大会で三連覇を果たした。一年生のときには補欠に回った私も、二年生と三年生では主力として優勝に貢献した。私には高校柔道界からの注目が集まり、柔道の名門高校から誘いが押し寄せた。

私にとっては、白石先生のもとで練習することがごく自然な流れだった。お誘いいただいた高校には丁重に断りの連絡を入れ、高校柔道界では無名の九州学院高校に入学することとなった。中学校入学から高校卒業までの六年間、一人の指導者のもとで一貫した練習に打ち込む環境が整えられたのだ。結果として六年間を全うすることはできなくなるが、それはまた後ほどお話しする。

高校一年でインターハイ優勝

一九七三年六月、インターハイ予選を兼ねた熊本県大会が開催された。

初日の団体戦、勝ち上がった九州学院高校は上位四校で行う決勝リーグに進んだ。テンポ良く二勝をあげると、優勝候補筆頭の鎮西高校との試合に臨んだ。私が対戦する相手は、藤園中学校の二年先輩に当たる三年生の選手だった。残念ながら引き分けに終わり、団体戦は敗退して優勝を飾ることはできなかった。

気を取り直して望んだ翌日の個人戦、準決勝で再び同じ選手と当たった。

同じ相手と続けて戦って一度も勝てないようでは、インターハイ優勝などおぼつかない。気合を入れて試合に入り、大外刈りで雪辱を果たした。

決勝戦も難なく勝利を収め、熊本県代表としてインターハイ個人戦に出場する権利を得た。白石先生と約束を交わした「高校一年生でインターハイ優勝」という目標の第一関門を、どうにか突破した。

毎年八月に開催されるインターハイの直前に、福岡市で金鷲旗《きんしゅうき》全国高等学校柔道大会が開かれる。この大会は、一九一六年に福岡日日新聞（現・西日本新聞社）の主催で始まったもので、全国から数百校が参加して行われる。高校柔道界では伝統、規模ともにインターハイに並ぶ大会と位置付けられている。

九州学院高校ももちろん出場した。団体戦で快進撃を続け、準決勝に駒を進める。対戦相手は福岡県の嘉穂高校に決まった。嘉穂高校には「超高校級」と騒がれていた吉岡剛《つよし》さんがいた。

柔道の団体戦は通常五人で戦う。選手は出場順に「先鋒」「次鋒」「中堅」「副将」「大将」という名称が付けられる。基本的には勝ち抜き戦方式で試合が行われるので、自分より前に戦った選手の結果を引き継ぐことになる。

九州学院高校の大将は私が務めていた。前に登場した副将が嘉穂高校の副将に敗れてしまったため、まずは嘉穂高校の副将と戦わなければならなかった。この相手を倒したあと、嘉穂高校の大将・吉岡さんとの戦いに挑む。

副将戦は危なげなく勝利を収め、吉岡さんとの大将戦に入った。吉岡さんと私の実力は拮抗していて、試合は延長戦にもつれこんだ。この試合で二戦目となる私にとって体力的に厳しい戦いとなった。延長戦でも膠着状態が続き、時間内で決着をつけることができなかった。

あとで聞いた話を総合すると、優勢に試合を進めたのは私だったようだ。しかし、副審の旗は割れた。最終結果は主審の判定待ちとなった。

主審の手は吉岡さんに上がった。私の負けだ。

普段から試合が終われば相手に礼を尽くせと教えている白石先生が、このときばかりは違った姿を見せた。

「整列せんでいい！　こんなばかな判定があるか！」

そう言うと、白石先生はそのまま本部席に乗り込んでいった。判定に異議を唱え、審判長に対して涙ながらに抗議を続けた。

会場内は大騒動である。審判長は、事態を収拾するためにマイクを手にした。これも異例の対応だった。

「ただいまの試合、確かに山下くんに分があるように見えたところもありますが、私は最も間近で見ていた主審の判定を支持したいと思います」

抗議もむなしく、判定は覆らなかった。九州学院高校の敗退が確定した。

本格的に柔道に取り組み始めた藤園中学校入学以来、公式戦では二つの引き分けを挟んで一〇三連勝中だった。記録は止まり、初めての黒星が書き込まれた。

一九七三年八月四日、三重県で開催されるインターハイはすぐにやってきた。敗戦のことを考える間もなかった。

個人戦重量級に出場した私は、予選リーグは難なく突破したものの、試合内容は到底納得できるものではなかった。初めて経験するインターハイという大舞台に緊張していた。正直に白石先生に告げると「こら、何ば言っとるか」と、げんこつで私のおでこを叩いた。嘘のような話だが、げんこつで緊張がスッと抜けた。

決勝トーナメントに進むと、準々決勝で支え釣り込み足、準決勝では大外刈りで一本勝ちを収めた。決勝の相手は、背負い投げを得意技とする鹿児島実業高校三年生の諏訪剛さんだった。試合開始前の控室で、白石先生から指示を受けた。

「泰裕、相手はしゃにむに背負い投げをかけてくる。逃げないでかけさせろ。かけさせておいて足を払え」

試合は、両者が相手の出方をうかがう静かな戦いとなった。お互いに有効な技が出ないまま延長戦に入ると、諏訪さんが俄然積極的に攻撃をし始めた。ほとんどは、戦前の予想通り背負い投げだった。腰を落として技をしのぎ、チャンスを待った。

諏訪さんが繰り出した何度目かの強引な背負い投げのとき、白石先生のアドバイス通り軸足に左足を飛ばした。諏訪さんは畳に崩れ落ちた。

「技あり」

畳に背中をついた諏訪さんに体を預け、そのまま抑え込みに入った。諏訪さんもがっちりと決まった上四方固めを返そうともがくが、反撃を許さなかった。時間は刻々と過ぎていった。

「合わせ技、一本！」

主審が宣告した。私は誰も成し遂げることができなかった一年生での高校チャンピオンに輝いた。吉岡さんに敗れたことが良い薬になったのだろうか。その答えはいまだに見つかっていないが、目標達成への意識が高くなったことだけは間違いない。

松前重義先生との出会い

史上初の一年生チャンピオンになった私は、否が応でも日本柔道界の注目を集めることになった。夏休みが終わり秋になると、勧誘のため早くも大学関係者が白石先生のもとを訪れるようになる。

大学関係者の訪問は、祖父泰蔵のところにもやって来た。その方は、東海大相模高校で原辰徳さん（現・東京読売巨人軍監督）とともに甲子園を沸かせた津末英明さん（日本ハム→巨人）の父秀夫さんだった。秀夫さんのお兄さんと祖父が親しかったことから、東海大学関係者が仲介を依頼したのであろう。祖父としても、同郷の津末さんの申し入れを無下に断るわけにはいかなかった。東海大学総長松前重義先生との面会は、こうして設定された。

高校一年生の一二月、白石先生と祖父に連れられて、熊本市内のふぐ料理店に出向いた。そこには松前先生のほか、猪熊功東海大学柔道部部長（東京オリンピック重量級金メダリスト）と佐藤宣践《のぶゆき》東海大学柔道部監督（世界選手権軽重量級金メダリスト）らが顔を揃えていた。一行は、熊本市内にキャンパスを置く九州東海大学を訪問した帰りだった。新たに建設された武道館の落成記念として開催された、霊峰旗争奪柔道大会に来賓として招かれていた。

祖父と私は、明治大学や筑波大学など柔道の名門大学に進むことをおぼろげながら考えていた。徐々に力をつけてきたとはいえ、新興勢力である東海大学についてはほとんど知識がなかった。

会食の席では、東海大学について祖父があれこれ質問し、猪熊先生と佐藤先生が答えるというやりとりが続いた。私はと言えば、同席していた東海大学の先輩学生に勧められるまま、ふぐ料理を黙々と食べていた。

東海大学一行の思惑は、私を東海大学に入学させることだった。ただ、初めての顔合わせということもあり、ふぐ料理店では具体的な話までは発展しなかった。松前先生もその場では込み入った話をしなかった。

年が明けた一九七四年一月、祖父が講道館の鏡開きに招待され東京に出た。改めて松前先生の人柄に触れた祖父は、先生に完全に心酔してしまったそうだ。あとでわかったことだが、東海大学進学も勝手に了承したという。祖父泰蔵という人物は、自分のことでもないのに勝手に先走り、後日困った事態になることが少なからずあった。

松前先生は、一九〇一年に熊本県上益城郡大島村（現・嘉島町）で生まれた。偶然にも、松前先生と私は同郷だった。先生の故郷と私の生まれた矢部町とは、直線距離にして一五キロほどしか離れていない。

熊本中学（現・熊本高校）から熊本高等工業学校（現・熊本大学工学部）に進んだ松前先生は、東北帝国大学（現・東北大学）に進学する。大学では電気工学を専攻し、研究に力を注いだ。勉学に励むかたわら、中学生から始めた柔道にも青春時代の多くの時間を費やしたという。

東北帝大卒業後、逓信省に技官として入省した松前先生は、新しい方式の通信技術の開発に没頭する。研究の成果は間もなく実を結んだ。それまでの通信技術の欠点を克服した「無装荷ケーブル通信方式」を発明した。

一方で、松前先生は教育の分野にも深い関心を抱く。発明で得た資金を元手に、東海大学の前身となる「望星学塾」を開設する。一九三六年のことだ。松前先生が掲げた理想の教育方針は「対話を重視しながら物の見方、考え方を養い、体を鍛え、人生に情熱と生きがいを与える教育を目指す」というものだった。望星学塾はその後東海大学となり、一九五〇年に新制大学として認可される。

松前先生は、ほかにも数多くの公職に就いている。

一九五二年には右派社会党から出馬して初当選し、衆議院議員として活躍した。日本で初めてのエフエム放送局エフエム東海（現・エフエム東京）を設立したのも松前先生である。一九七九年から一九八七年までの八年間は、国際柔道連盟（ＩＪＦ）の会長に就任し、世界の柔道界を牽引した。

祖父が松前先生に心酔する一方で、当の私もだんだんと東海大学への関心が強まっていた。五月の全日本柔道選手権大会に招待され、初めて日本武道館を訪れた。ふぐ料理店で会食した佐藤先生が初優勝を飾り、一九七四年の日本一の柔道家に輝いた。この試合を間近で見て、私の気持ちは強く揺さぶられた。

成長できる環境を求める

高校二年生の夏、前回チャンピオンとして再びインターハイに出場した。

九州学院高校はまたしても熊本県予選で苦杯をなめ、団体戦への出場権を獲得することができなかった。私が出場する重量級は、高校三羽ガラスのうち誰が優勝するかという点に関心が集まった。

高校三羽ガラスとは、福岡県・嘉穂高校の吉岡剛さん、岐阜県・関高校の松井勲さんという二人の三年生に二年生の私を加えた、実力の拮抗した三人を指していた。高校柔道界だけでなく、マスコミからも注目された三人だった。

私は、予選をすべて一本勝ちで退けた。決勝トーナメントも順当に勝ち上がった。準決勝まで駒を進めると、松井さんとの対戦になった。松井さんは、私より先に高校生で全日本柔道選手権大会に出場したこともあるほど実力を備えていた。それまでの試合とはまったく異なり、思い通りの柔道をさせてもらえなかった。

試合も中盤を過ぎたころ、松井さんが私の体を引き付け、タイミング良く内股を仕掛けてきた。懸命に防御したがこらえきれず、横に崩れて膝をついてしまった。有効こそ取られなかったものの、戦況は一気に不利となった。焦った私は反撃を試みるが、崩しが不十分なため不発に終わった。

判定。主審の手は松井さんに上がり、インターハイ二連覇の夢は断たれた。

完敗だった。

松井さんに喫した敗戦もさることながら、松井さんと吉岡さんが戦うハイレベルな決勝戦を見ながら、強い焦燥感に襲われた。

「このままでは二人に取り残されてしまう……」

前の年、高校一年生でインターハイチャンピオンになった直後、九州学院高校では三年生が部活動を引退した。力のある練習相手がいなくなってしまったのだ。二年生の先輩や同学年の仲間たちとの実力には、かなり大きな開きがあった。自分の技をさらに向上させ、かつ磨き上げるための質の高い練習ができていなかった。

祖父からも、ことあるごとに忠告を受けていた。

「泰裕、熊本におったっちゃ、これ以上伸びんぞ」

祖父の言葉の裏にはある事情があった。東海大学サイドから、東海大相模高校への転校を持ちかけられていたのだ。

「早く中央へ出て柔道ば修業せい。東海大相模高校に転校して稽古ばせんと、おまえの夢には近づかんぞ」

だが、祖父と大学側の認識には多少食い違いがあった。確かに、東海大学サイドが東海大相模高校への転校を勧めたのは事実だ。しかし、大学側が持ちかけたのは、高校三年生の夏のインターハイが終わったあとから大学入学までの空白期間が惜しいという理由からだった。

一八歳という伸び盛りの時期に緊張感を保った有意義な練習をしないと、そこで成長が止まってしまう恐れがある。世界を目指すのであれば、そうした環境にとどまるのは好ましくない。高校三年生の九月から、大学に入学する四月までの七カ月間を無駄にしないためには、インターハイが終わると同時に転校するのがベストではないかという打診だったのだ。

ところが、祖父はこの話に異を唱えた。

「なぜ高校三年の夏まで待たなければいけないのか。泰裕を持っていくなら、高校二年のインターハイが終わったら、すぐにでも持って行ってくれ」

松井さんになす術なく敗れ去った私は、祖父の忠告を身にしみて理解した。その日のうちに転校を決意すると、熊本に戻って家族に告げた。

家族会議が開かれ、全員が転校することに同意した。こんどばかりは、父も母も賛成した。すぐさま東海大学の関係者に連絡を取り、翌日には九州学院高校の担任に面会して転校の意思を説明した。手続きはまたたく間に進み、一週間後にはすべての事務処理が完了していた。

山下家の意に反し、この転校はかなりの批判を浴びることになった。

批判の矛先は東海大学に向けられた。将来有望と見られているまだ高校二年生の少年を、自分の大学に進学させるため、附属高校に転校させてまで囲い込むのは邪道だという論調だった。事情を知らないマスコミがこうした報道をするのは、むしろ当然だったと思う。真実は、東海大学の真意を先取りした祖父が言い出し、私と家族全員が納得して決めた転校だったのである。

これまで育ててもらった恩師や苦楽を共にした友を捨てて自分勝手に転校する気まずさから、白石先生や柔道部の仲間に直接報告することはできなかった。インターハイを終えて熊本に帰ってからも、九州学院高校の柔道場に顔を出せないまま時間だけが過ぎていった。

神奈川に出発する日が迫るころ、やはりお世話になった白石先生にだけは挨拶をしようと決意し、学校に向かった。その道すがら、何とか平静になろうと努めたが、心の乱れを抑え込むことはできなかった。

道場のそばにある先生の部屋の前に立って大きく深呼吸した。ドアをノックし、静かに開けた。白石先生は温かく迎えてくれた。

「お、泰裕、よう来たな」

「先生……」

白石先生の言葉に胸が締めつけられ、涙があふれてきた。その先の言葉を続けることができなかった。白石先生も声を詰まらせている。

「よし、わかった。もう何も言うな……」

しばらくの間、二人とも無言だった。やがて落ち着きを取り戻した私に、白石先生は柔道場に顔を出して仲間に挨拶するよう促した。先生は、練習に励んでいた仲間たちを集め、大声でこう切り出した。

「泰裕は、神奈川県の東海大相模高校に行くことになった」

すでに知っている話である。聞いている仲間たちの表情が硬い。白石先生の口調はさらに強くなった。

「いいか、これは転校ではないぞ。みんなより一足早く九学を卒業していくんだ。いろいろな人が、いろいろなことを言っているようだが、勘違いするなよ。泰裕は転校ではない、卒業していくんだ。だから、気持ちよく送り出してやろうや」

涙が止まらなかった。一人ひとりと握手を交わし、短い言葉を交わした。仲間たちの目にも涙が浮かんでいたのが嬉しかった。

一九七四年八月中旬、一七歳の私は日本一、世界一の柔道家になるために故郷をあとにした。高校二年生の夏休みが間もなく終わろうとしていた。

後ろ姿で教えてくれた恩師

突然決まった転校だったため、住居探しまでは手が回らなかった。ひとまず東海大学教職員宿舎の一室に入居し、新たな高校生活をスタートさせた。

全国高等学校体育連盟（高体連）の規約上、転校してから六カ月間は公式戦に出場することができない。この期間は柔道の基本を充実させる良い機会となった。その基本を教えてくれたのがもう一人の恩師、佐藤宣践先生である。

佐藤先生は一九四四年に北海道で生まれた。東京教育大学（現・筑波大学）から博堂勤務を経て、一九六九年に東海大学の教員になった。現役引退後は東海大学柔道部を強豪に育て上げたほか、国際柔道連盟教育コーチング理事、全日本柔道連盟副会長などを歴任した。

佐藤先生の柔道家としての戦績は輝かしい。世界選手権大会では四大会連続でメダルを獲得している。一九六七年のアメリカ・ソルトレイクシティ大会では、軽重量級で金メダルを獲得する。二年後の一九六九年、メキシコシティ大会では軽重量級の体重でありながら無差別級に出場し、見事銅メダルを手にした。一九七一年のドイツ・ルートヴィヒスハーフェン大会では階級を93キロ以下級に戻し、決勝の日本人対決に惜しくも敗れたものの銀メダルを首にかけた。一九七三年のスイス・ローザンヌ大会では、再び93キロ以下級のチャンピオンに返り咲いた。

国内に目を移すと、国内最高峰の大会である全日本柔道選手権大会で、一九六七年と一九七一年に準優勝を果たしている。私が招待された一九七四年の大会では、悲願の初優勝を飾った。

東海大相模高校柔道部は、いまでこそ全国屈指の強豪校に君臨しているが、転校した当時はいまだ強化の途上にある高校だった。そのため、高校での練習は週一回にとどめるよう指示された。休日を除いた週五回、東海大学柔道部の練習に参加するのが日課となった。

東海大学の練習は格段に質が高く、量も多かった。特に早朝の体力トレーニングとランニングは、中学から高校まで乱取りを中心とした実戦形式で練習を積んできた私にとって、かなりきついメニューだった。

午後の乱取りも激しかった。高校生相手では投げる一方だったが、大学生相手では投げられてばかりいた。基礎体力、柔道の地力とも、東海大学の先輩たちには到底敵わなかった。

転校して一カ月が過ぎたころ、東海大学柔道部の欧州遠征が企画され、ソ連、東ドイツなどを転戦することになった。まだ高校の公式戦に出場できなかった私も、例外的に同行させてもらった。

初めての異国、規格外の腕力を持った外国人との対戦、日本の畳とは異なる柔らかいマット。緊張や困惑で、初めのうちは思うような柔道ができなかった。

それでも、組んでいるうちに次第に手ごたえが感じられるようになり、一三戦戦って全勝、一本勝ちできなかったのは一試合だけという好成績を収めることができた。この遠征では、大きな自信の芽をつかんだのが収穫となった。

「いまは大学の先輩に負けてばかりいるが、外国人とも十分戦うことができた。もっと練習を積めば、夢が実現できるかもしれない」

年が明けた一九七五年、佐藤先生が大学の近くに家を新築した。教職員宿舎で生活していた私は先生の家に下宿させてもらうことになり、佐藤先生の新居に引っ越した。この日から、名実ともに佐藤先生との二人三脚の柔道人生が始まった。

東海大相模高校に転校して数カ月が過ぎたころ、郷里の熊本から箱詰めのみかんが届いた。中には、父からの手紙が入っていた。

「泰裕、おまえには家族がいることを忘れるな」

転校してからというもの、一度も家族に連絡していなかった。家族みんなに心配をかけているのだから、手紙の一つでも書きなさいというお叱りの言葉だった。確かにその通りだが、裏を返せばホームシックにもならず、連絡することも忘れてしまうほど充実した毎日を送っていた。

ある日のこと、いつものように佐藤先生と夕食後の会話を楽しんでいると、先生が不意に語り始めた。

「泰裕、おまえほどではないにしても、これまでも凄い才能を持った選手だと騒がれた若い柔道家は何人もいた。でもな、順調に成長した選手はほとんどいない。なぜだかわかるか?」

噛んで含めるような穏やかな口調だった。その理由について、佐藤先生は三つの要因を順に挙げた。

「周囲にチヤホヤされて天狗になってしまうからなんだ。そうなると練習がおろそかになり、人の話を素直に聞かなくなる。これでは力はつかない」

「けがをして潰れていく選手も多い。いくら素質があってもけがをしては何にもならない。体力トレーニングはもちろん、日ごろから体調管理は万全にしておきなさい」

「それから、若さはいつまでも続かないということを肝に銘じておきなさい。勝負に次はないんだよ。目の前に来た数少ないチャンスを逃さないよう、しっかりと準備をしておきなさい」

佐藤先生ほどの実績を持つ柔道家でも、オリンピックには縁がなかった。

世界選手権を制した翌年のメキシコオリンピック（一九六八年）では、柔道が正式種目として採用されなかった。次の一九七二年のミュンヘンオリンピックでは、大会直前に大けがを負って出場できなかった。

日ごろから細心の注意を払って十分な準備をしておかないと、チャンスはあっという間に通り過ぎてしまう。佐藤先生は、オリンピックに出場することがそう簡単なことではないと、身をもって知る人だった。だからこそ忠告してくれたのだ。

白石先生がそうだったように、佐藤先生からも柔道以外のことを学んだ。

佐藤先生はたいへんな勉強家である。研究熱心で努力家だ。柔道に限らず、知らないことは学ぶという姿勢で貫かれている。その姿を間近で見ていると、人生を通じて学ぶ姿勢が大切だという意識が自然と芽生えてきた。

相手が誰であっても、佐藤先生は人の話をよく聞く。

「誰の話でも、良いものは良いんだよ」

佐藤先生の口癖である。上司や目上の人の話を聞くことは誰にでもできる。だが、ライバル、嫌いな人、年下、学生など、立場や地位にこだわらず多くの意見に耳を傾けるのは容易ではない。佐藤先生は、これを難なくやってのける。こうした態度に接し続けるうち、私も考えを改めて多くの人の話を聞くようになった。

何かを成し遂げようとするとき、自分が頑張るのは当然のことだ。しかし、それだけでは何も達成することはできない。佐藤先生は、周囲の人の理解と協力を得ることが重要だということを教えてくれた。

多くのことを学んだといっても、ほとんどは言葉ではない。

佐藤先生の授業を受け、道場で稽古をつけてもらい、毎日同じ家で寝食を共にするなかで、後ろ姿から数々の教えを受けた。これからは、私も佐藤先生のように後ろ姿で何かを伝えられる人間になりたいと思っている。

第二章
日本を背負う

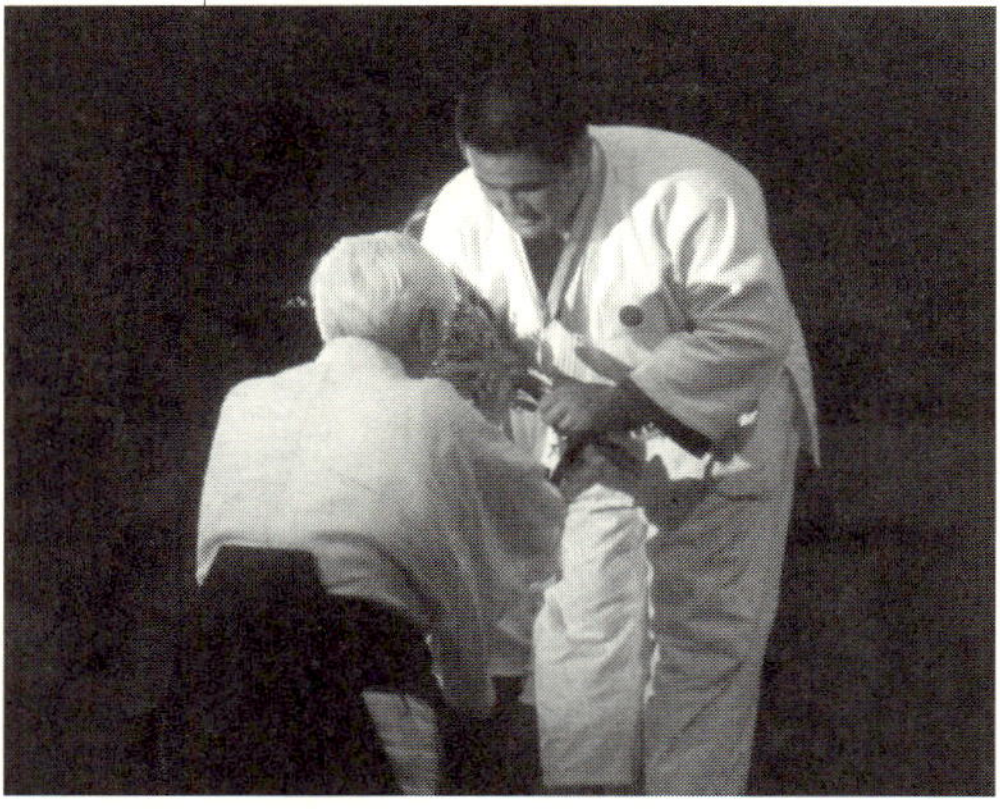

金メダルは松前重義先生から授与された
（一九八四年、ロス五輪の表彰式）

十分な努力が自信を生む

恩師白石先生に課せられた「高校一年生でインターハイ優勝」という目標はすでに達成している。私が目指すべきは、前の年に失ったインターハイチャンピオンの座を取り戻すことと「高校三年生で全日本柔道選手権大会出場」という目標になった。

全日本柔道選手権大会に出場するには、神奈川県の予選を勝ち抜いて関東地区予選会に出場し、そこで三位までに入らなければならない。

神奈川県を一勝一分けの成績でトップ通過を果たすと、茨城県笠間市民体育館で開催される関東地区予選会に臨んだ。予選会には東京都を除く関東七県から一六名の選手が参加し、まずは四人ずつ四組に分かれた予選リーグが行われる。各組の一位だけが決勝リーグに出場し、総当たり戦で順位が決まる。

予選リーグは大きな問題もなくすべて一本で勝ち上がった。決勝リーグ初戦も大外刈りで難なく一本勝ちを収めたが、二戦目の諸井三義さん（神奈川県警）との試合は、きれいな内股を食らって一本負けとなった。公式戦で見事な一本負けを喫したのは、あとにも先にもこの試合だけである。

一勝一敗とあとがなくなった。何としても勝たなければならない三試合目は、神奈川県予選で対戦した相手との再戦になった。神奈川県予選では大外刈りで下している。自信を持って臨んだ試合だったが、硬くなっていたのかなかなか一本が取れない。旗判定でかろうじて優勢勝ちを収めた。

決勝リーグの三試合はすべて終わった。二勝一敗だった。四人のうち三人が二勝一敗で並ぶ結果となり、三位以内が確定した。全勝優勝は果たせなかったものの、高校三年生で全日本柔道選手権大会への出場権を手にした。白石先生との約束はこれですべて実現させたことになる。

一九七五年四月二九日、日本武道館で全日本柔道選手権大会が開催された。大会には前年王者の佐藤先生をはじめとする三四人が参加し、その年の無差別日本一を決める戦いがトーナメント戦で行われた。

二回戦から出場した私は、すべて一本勝ちで準決勝に進出した。準決勝の相手は上村《うえむら》春樹さん（現・全日本柔道連盟会長、当時は旭化成所属）だった。上村さんは当時の柔道界を代表する強豪選手である。

そのころの日本柔道界は「四強時代」と言われていた。

四強とは、上村さんのほか二宮和弘さん（福岡県警）、高木長之助さん（警視庁）、遠藤純男さん（警視庁）である。いずれも二十代の円熟期を迎えていて、ほとんどの大会で優勝を分け合う状態が続いていた。

四強の選手と戦うのはこれが初めてだった。一七歳の若い挑戦者としては、むしろ気楽な気持ちで戦いに臨んだ。しかしそれが仇《あだ》となった。上村さんは、試合開始と同時にいきなり左の大内刈りを仕掛けてきた。不意をつかれてバランスを崩し、尻もちをついてしまった。

「有効」

上村さんの早業だった。逆襲を狙って技を繰り出そうとするが、ことごとく上村さんに防御された。上村さんには寸分の隙もなかった。上村さんは、相手の持ち味を殺して自分の型に引きずり込むタイプの選手だ。若く経験の浅い私は、試合巧者の上村さんの策にまんまとはまってしまった。

試合が終わる。主審の手は上村さんに上がった。初出場で三位という結果を残したものの、四強との初対戦は黒星に終わった。

一九七五年と一九七六年の二年間で、一三二試合の公式戦を戦った。結果は一一五勝一三敗四引き分けだった。この一三回の敗戦のうち、四強に喫したものは実に一一回を数えた。

夏、インターハイチャンピオンに返り咲いた。翌年一月には、初の日本代表として出場したフランス国際で優勝する。高校生に敵は存在せず、外国人にも負けない。実力の差は狭まりつつあるというのに、どうしても四強の壁が破れなかった。

「まだおまえは四強に勝てない」

誰かにそんなことを言われる夢を見たこともある。結局、四強の高く厚い壁に阻まれて、一九七六年のモントリオールオリンピックには補欠に選出されるにとどまった。オリンピック本番では、無差別級の上村さんと九三キロ以下級の二宮さんが金メダルを獲得し、九三キロ超級の遠藤さんが銅メダルを取った。

モントリオールオリンピックの出場を逃したことはショックだった。しかし、力不足が原因なのは明白だった。まだまだこれからだと考え直し、このときは思いのほか立ち直りは早かった。

一九七六年四月、東海大学体育学部武道学科に入学した。大学入学によって、これまで以上に柔道に打ち込む環境が整った。持久力と筋力を中心に、基礎体力を向上させるための練習を大幅に増やし、道場での稽古にも精を出した。

すぐに結果は出なかったが、佐藤先生と四強の研究にも取り組んだ。ビデオを見ながら組み手や得意技、技のコンビネーションなどを分析した。資料は家にも持ち帰り、佐藤先生との夕食後はいつもその話題になった。

立ち技から寝技のコンビネーション。

全盛期の私は、立ち技はもちろん、強さの秘訣とまで言われるほど寝技に自信を持っていた。しかし、大学に入ったばかりのころはあまり得意ではなかった。ウイークポイントを少しでもなくそうと、寝技の強化にも取り組むことになった。

現役時代に「寝技の佐藤」と呼ばれたほど、佐藤先生は高い技術を備えた寝技の第一人者だった。佐藤先生との実戦練習に挑んで技術を盗もうとしたが、初めはまったく歯が立たなかった。

全日本柔道選手権大会を控えたある日、いつものように寝技練習を始めた。佐藤先生の執拗な攻めを何とか凌ぎ、持久戦に持ち込んだ。体力ではこちらに分があると思ったからだ。何分経過したか覚えていない。どのような攻防があったかも定かではない。気がつくと、佐藤先生を抑え込んでいた。

悔しかったのだろうか、それとも嬉しかったのだろうか。佐藤先生は翌日も寝技の練習をするよう声をかけてくれた。二日続けて勝った。

「たとえまぐれだとしても、俺は『寝技の佐藤』と呼ばれる佐藤先生に二回も勝ったんだ。そんな俺が、先輩たちに簡単に抑え込まれるはずはない」

佐藤先生に勝ったことで強い自信が芽生えた。むろん、何も蓄積がないところに自信など生まれない。十分すぎるほどの努力を重ねてきた。翌日から、私の寝技は飛躍的に強くなった。それまでは、寝技の練習になると声をかけてきた先輩たちも、飛躍的な成長を肌で感じ取ったのか、一カ月もすると誰も近寄らなくなった。

一九七七年四月二九日、三度目の出場となる全日本柔道選手権大会がやってきた。順当にいけば、準決勝の対上村戦がポイントになるはずだった。上村さんには一九七五年の初対決に続き、翌年の大会でも敗れている。

一回戦から準々決勝までの四試合はすべて一本勝ちを収めた。そのなかには、二年前の関東地区予選会で一本負けを喫した諸井さんとの対戦もあった。大外刈りで畳に崩れた諸井さんを寝技で攻め、そこからの固め技で「参った」をさせた。

ポイントとなる準決勝、相手は上村さんではなかった。二回戦で上村さんを破った高木さんだった。高木さんも四強の一角を占める実力を備えた選手だが、上村さんとの間にはほんの少し力の差があった。高木さんが上村さんを破った試合は、関係者からは番狂わせと囁かれた。

その準決勝、高木さんから「有効」のポイントを奪って判定勝ちした。これまでまったく勝てなかった四強の高くて分厚い壁に、初めて穴をこじ開けた。

続く決勝の相手も、四強の一角を占める遠藤さんだった。技の切れ、パワーに優れる遠藤さんとは、過去四回の対戦ですべて敗れている。

試合が始まると激しい組み手争いとなった。遠藤さんの老獪《ろうかい》な組み手になかなか思うように組ませてもらえない。中途半端な組み手のまま大内刈り、小外刈りなどの技を仕掛けるが、崩しが不十分なためまったく効果がない。

遠藤さんも技を繰り出すが、私も遠藤さんの技は見切っていた。両者とも有効な技が出ないまま、試合終了のブザーが鳴った。

判定。二人の副審の旗は割れた。それを見届けた主審が私のほうに手を上げる。観客席が大きく沸く。遠藤さんが不思議そうな顔をしている。一九歳一〇カ月、史上最年少（当時）の全日本チャンピオンが誕生した瞬間だった。

礼をして試合場を下りると、私を育ててくれた二人の恩師、佐藤先生と白石先生が待ち構えていた。私は先生たちの輪に飛び込んでいった。輪の中にいた祖父泰蔵とは、無言で抱き合った。

「試合を判断するのはおまえじゃない！」

全日本柔道選手権大会を初制覇すると、その勢いに乗って七月の全日本選抜体重別選手権大会九五キロ超級でも初優勝を飾った。国内の主要な大会二つを制したことで、真の日本一と認められた。

あれほど苦しんだ四強との戦いも、高木さんに勝って一角を崩してからは二度と負けなかった。上村さんは、私と四強との関係をこう表現している。

「ずっと後ろに頼もしい若者が出てきたなと思っていた。ふと後ろを見ると、いつの間にか背後にぴたりとついていた。こんな若造に負けてはいかんと一生懸命頑張ったけれども、一人が負けた瞬間にあっという間に置き去りにされた」

体重別選手権に優勝したあと、スペインで開催される第一〇回世界柔道選手権大会の日本代表に選ばれた。代表合宿に参加し、着々と準備を進めていた。

ある夜、下宿先の佐藤先生の家の電話が鳴った。新聞社からの電話取材だった。

「世界選手権が中止になるので、佐藤、山下両氏のコメントがほしい」

新聞記者が言うには、大会に参加する台湾の入国に関し、スペイン政府との間でトラブルが発生したために大会が中止になるという。電話では事態の深刻さがうまく飲み込めず、半信半疑のまま翌日の新聞を開いた。大会中止は事実だった。ようやく手にした世界選手権への出場権は、国際政治に翻弄されて幻に終わった。

一〇月、世界選手権中止の波紋が収まらないなか、全日本学生柔道選手権体重別試合が行われた。最も注目が集まった無差別級には、高校三羽ガラスの一人で中央大学に進学していた吉岡剛さんも出場した。二人ともすべて一本勝ちで勝ち上がり、大方の予想通り決勝で対戦した。

試合が始まる。いつも守りから入る吉岡さんが、最初の一分間を積極的に攻めた。私の奥襟をつかみ、多くの技を仕掛けてきた。奥襟を取られたことで柔道着に頭を覆われて棒立ちになる場面もあったが、なんとか持ちこたえた。

一分を過ぎると、それまでの攻撃姿勢が嘘のように吉岡さんは攻撃をやめた。防御に専念する吉岡さんに向けて、猛然と技を出し続けた。

試合が終盤に差しかかると、頭の中で試合の形勢を計算し始めた。

「優位に立っているのは俺のほうだ。にもかかわらず、吉岡さんは攻撃を仕掛けてこない。ならば無理に一本を取りにいくリスクを冒さなくても、判定で勝てるはずだ」

攻撃の手を緩め、時間が過ぎるのを待った。試合が終わる。勝ったと思っていた。

判定。副審の旗が赤白に割れている。理由がわからない。しかし、主審は間違いなくこちらに手を上げるはずだ。そう思いながら待つと、主審は吉岡さんサイドに手を上げた。わが目を疑った。しばらくの間、何が起こったかわからなかった。

数日が過ぎ、ようやく悟った。目の前の試合に全力を出し切ることを忘れ、試合を勝手に計算した自分が情けなかった。柔道人生で最も悔いが残る試合をしてしまったことが、悔しくてならなかった。

佐藤先生にも、厳しい言葉で叱責された。

「試合を判断するのはおまえじゃない！　誰が見てもおまえの勝ちだと言われるような試合をしなければいけないんじゃないのか？　おまえは相手に負けたんじゃない。自分に負けたんだ！」

吉岡さんに喫したこの敗戦は、私の柔道人生における最後の黒星となった。この敗戦から得た教訓を胸に、公式戦二〇三連勝のスタートを切る。

モスクワ五輪ボイコット

転校したことで課せられた半年間の公式戦出場停止が明けてから、四年間で二六二試合を戦っている。出場するほとんどの大会で優勝するため、当然のことながら試合数は増加する。連戦につぐ連戦で疲労の極致にあった。

一九七八年一一月、現在はグランドスラム東京と名称を変えている嘉納治五郎杯国際柔道大会の記念すべき第一回大会が開催された。

前の年のスペイン世界選手権大会が中止に追い込まれたため、久しぶりに行われる国際大会である。ソ連のノビコフ、フランスのルージェなど世界の強豪も顔を揃える。全日本柔道選手権大会を連覇した私には、大きな期待が寄せられた。

大会二日前、福田赳夫首相が主催する歓迎パーティーが開かれることになった。

優勝候補の私も招待者名簿に名前が載っている。出席しないわけにはいかない立場だったが、体調が優れないので出たくなかった。我慢し切れず佐藤先生に相談すると、先生は思いもよらない言葉をかけてくれた。

「疲れているなら、体を休めることを優先させなさい」

パーティー当日、直前に開かれた嘉納杯の記者会見を終えると、佐藤先生から声をかけられた。

「部屋で休んでいなさい」

言葉だけかと思っていたが、本当に出席しなくていいと言うのだ。そのやり取りを近くで聞いていた柔道界の幹部の先生が、佐藤先生に対して声を荒らげた。

「佐藤くん、きみは何を言っているんだ！　山下くんは日本柔道界の顔だよ。パーティーに出席する方々に失礼だろう！」

柔道界の大先輩の言葉だが、佐藤先生は事もなげに受け流した。サウナにでも行って少しでも疲労を抜いて来いと、五千円を渡された。佐藤先生の好意に甘え、一人で近くのサウナに入ってたっぷりと汗を流した。サウナのあとには知人のトレーナーを訪ねて入念にマッサージを受けた。肉体的な疲労はもちろん、精神的にも爽やかになり、気分良く試合に臨むことができた。

二階級にエントリーしていた私はどちらの階級でも優勝を果たし、嘉納治五郎杯初代チャンピオンとなった。無理を押してパーティーに出席していたら、優勝できたかどうかわからない。試合に臨むに当たっては気分転換が大切であることを、この経験から身をもって学んだ。

それもこれも、佐藤先生の配慮のおかげである。佐藤先生は、選手が常にベストの状態で試合に臨めるよう、常に環境づくりに心を配る。選手を守る盾となるのは指導者として当然の仕事だとはいえ、口で言うほど簡単ではない。

一九七九年一二月、ようやく世界選手権出場の機会が巡ってきた。

開催地はフランス・パリ。モスクワオリンピックを七カ月後に控えた大会ということもあり、各国の強豪はこの大会に照準を合わせていた。私としても、初出場の世界選手権を制してオリンピックへの弾みをつけたい。コンディションは万全だった。

大会初日の九五キロ超級に出場した。初戦、インドネシアのゴウォクとの試合は開始から一三秒で決着がついた。二回戦の相手は試合場に姿を見せず、不戦勝となった。続くハンガリーのヴァルガとの三回戦、ソ連のチューリンとの四回戦は、いずれも得意の寝技で一本勝ちを収めた。

決勝は、地元フランス期待のルージェとの戦いとなった。決勝らしく激しい攻め合いとなった。試合中盤、隙をついて大外刈りを放つと、ルージェは我慢しきれず肩から畳に落ちた。

「技あり」

焦ったルージェが苦し紛れに出した払い腰をかわし、再び大外刈りを仕掛ける。

「有効」

一本こそ取れなかったものの、力の差を見せつけて判定勝ちした。

表彰式。私の首に金メダルをかけてくれたのは、東海大学の松前重義先生だった。

松前先生は、大会直前に行われた国際柔道連盟の選挙で会長に就任した。会長としての初仕事が、私への金メダル授与となった。初出場で初優勝した世界選手権で、敬愛する師から金メダルを授与される幸運に恵まれた。

二二歳になって心技体ともに充実した私は、選手としての成熟期を迎えようとしていた。一九八〇年はモスクワオリンピックが開催される。前回のモントリオールで叶わなかったオリンピック出場の夢を、今度こそ実現させたいと考えていた。

しかし、事はそう簡単には運ばなかった。

さかのぼること四カ月余り、一九七九年一二月にソ連軍がアフガニスタンに軍事侵攻を開始した。翌年一月になると、ソ連と冷戦中のアメリカ・カーター大統領が声明を発表する。

「ソ連が撤退しなければ、モスクワオリンピックには参加すべきではない」

事実上のボイコット宣言だった。アメリカは各国にも同調を呼びかけ、二月には日本政府が不参加の方針を固める。その一方で、日本オリンピック委員会（ＪＯＣ）は参加への道を模索しているという情報をつかんだ。

日本政府は事実上ボイコットを決定したが、ＪＯＣや世論に参加を訴えれば事態が動くかもしれない。わずかな可能性にすがるような思いで、オリンピック候補選手と強化コーチの緊急会議が開催された。

一九八〇年四月二一日、岸記念体育館に集まった一同は、口々にオリンピック参加を訴えた。私にも発言する機会が与えられた。

「僕が小学校一年のときに東京オリンピックが開催されました。テレビにかじりついて東洋の魔女や体操のウルトラC、重量挙げの三宅（義信）選手の活躍に胸を躍らせたことを覚えています。選手の皆さんが力を出し切り、日の丸が真ん中に揚がったときは、子ども心にも胸が震えました」

言葉に力を込めて続けた。

「あのとき、将来は自分がオリンピックに出ると誓いました。その気持ちを糧に今日まで頑張ってきたのです。ここ数日は、心が揺れて練習に身が入りません。ＪＯＣの皆さん、どうかよろしくお願いします」

オリンピック参加表明の期限が迫った五月二四日、ＪＯＣは参加の是非を問う記名投票を実施した。結果は二九対一三。日本のモスクワオリンピックボイコットが正式に決定された。

そのとき、私は福岡にいた。オリンピック最終選考を兼ねた全日本体重別選手権大会に出場するためだ。早朝、ホテルで寝ていると新聞記者から電話が入った。

「ボイコット決定に対する感想を聞かせてください」

睡眠を中断されて正常な思考ができず、見当はずれの答えに終始した。事の重大さを知ったのは、朝刊を見たときである。衝撃は大きかった。

いま考えれば、日本がオリンピックをボイコットしたのは、政治的にやむを得なかったことだと考えている。とはいえ、この心境に至るまでには多くの時間がかかったし、完全に納得しているわけではない。三〇年以上経過したいまでもモスクワオリンピック不参加について取材される機会があるが、そのときはこう答えている。

「大切な肉親の死を聞かれるようなものです」

この言葉でショックの大きさがわかってもらえると思う。

ボイコットはともかく、同じぐらい残念だったのは、日本政府やＪＯＣが代表選手に対する配慮を一切見せなかったことだ。これについてはいまだに納得していない。

アメリカでは、カーター大統領がホワイトハウスに代表選手を招き、ボイコットの理由を丁寧に説明したという。この対応の違いを見る限り、日本にはスポーツに対する敬意がないと思わざるを得ない。

一戦一戦に全力を尽くす

モスクワオリンピックのボイコットが決定した翌日に、オリンピックの代表選考を兼ねる大会が開かれるというのも皮肉な話だ。やり場のない憤りと悲しさを束の間でも忘れようと、いつも以上に気合を入れて全日本体重別選手権大会に臨んだ。

九五キロ超級には、私のほかに遠藤純男さん、高木長之助さん、松井勲さんの三人が参加し、総当たりのリーグ戦となった。

初戦の相手は松井さんだった。高校二年生のインターハイ準決勝での初対決こそ敗れてしまったが、それ以降の対戦では一度も負けていない。腹の底からうなり声をあげて松井さんに向かった。最初に繰り出した大外刈りが見事に決まり、松井さんが畳に転がった。開始からわずか二一秒だった。

続く高木さんとの試合は気合が空回りしたのか、技という技がほとんどかからなかった。それでも、試合を優勢に進めて勝利を収めた。二勝〇敗と白星を重ねた私の最後の相手は遠藤さんである。

遠藤さんが右手で私の左胸を押して防御する体勢で試合は進んだ。試合を優勢に進めてはいたが、遠藤さんを十分に引きつけられないため思うように技が出せない。

試合が後半に入ったころ、私が不用意に前に出た。その瞬間、遠藤さんは前に出ていた私の左足の大腿部を右足で、膝の裏を左足で挟み、左の襟をつかんでいた右手を強引に引いた。捨身技の「カニばさみ」である。

その技はまったく見えなかった。倒されないように踏ん張り、体を捻《ひね》って逃れようとした。そのときだった。

「ボキッ、ボキッ」

自分の足の骨が折れる音を二度聞いた。

音が聞こえたのだろうか、会場が騒然としている。畳の上で動けなくなり、事の重大さを認識した遠藤さんは正座をしたまま呆然としている。

試合場にドクターが呼ばれ、正式に骨折が確認された。試合は国際審判規定が適用されて「痛み分け」と判定された。二勝一痛み分けの成績で、全日本体重別選手権大会九五キロ超級で四連覇を果たした。

ドクターと遠藤さんに助けられて試合会場を離れ、救急車で福岡市の秋本外科病院に搬送された。レントゲン写真を見た医師は「左足くるぶし上の外側、腓骨《ひこつ》骨折。全治三カ月」と診断を下した。不思議と、痛みはなかった。

左足をギプスで固定されたまま、病院のベッドの上で静かに時を過ごした。ようやく再起のことを考え始めたのは、一週間が過ぎたころからである。

オリンピック不参加と大けがを同時に体験し、現実の厳しさを思い知らされた。私は勝負に対する考え方を変えた。

「世の中は、自分の思い通りにならないことが多い」

「勝負の世界では、先のことはわからない」

「日々の練習、試合を大切にしない者に『次』はやってこない」

勝負の世界に「次」がないことは、高校二年で東海大相模高校に転校してすぐ、佐藤先生から忠告されていた。だが、本当に理解していたとは言い難い。モスクワオリンピック不参加の知らせに平常心を失ったのは未熟だった証拠である。

「一戦一戦に全力を尽くす」

どんなに厳しい状況に置かれても、持てる力のすべてを出し切れる選手になると改めて誓った。けがを負った日から一一カ月間は治療とリハビリに専念した。再起に賭ける私を励まそうと、周囲の人たちは「次のロサンゼルスオリンピックで頑張って」と声をかけてくれた。しかし、先のことは一切考えないことに決めた。

復帰初戦は、一九八一年四月の全日本柔道選手権大会に決まった。復活した私が五連覇を達成できるかどうか。これが大会の焦点となった。

初戦の相手は、大学時代から何度も対戦し、圧勝してきた選手だった。しかし、相手の技を完璧にかわすことも、自分の技を完璧にかけることもできなかった。試合は判定にもつれ込んだ末にかろうじて勝った。

久しぶりの試合で気負っていた。先のことより目の前の一戦を大事に戦うと誓っておきながらその姿勢を見失っていた。控室に戻ると、佐藤先生や仲間たちが心強い声をかけてくれた。落ち着きを取り戻し、次の試合では強い自分に戻っていた。

プライドを捨てて挑む者は強い

全日本柔道選手権大会五連覇を達成したあと、オランダ・マーストリヒトで開催される世界選手権大会に臨んだ。九五キロ超級と無差別級の二階級に出場した。

大会初日の九五キロ超級では、すべての試合に一本勝ちを収めた。五試合の合計所要時間がわずか九分四秒という圧勝だった。一試合当たりの試合時間が二分もかかっていないことから考えても、疲労度は決して高くないはずである。体調も万全だ。しかし大会前に一二八キロあった体重が、翌朝には五キロも減少していた。

原因は、想像を絶するほどのプレッシャーだ。

世界最強の日本柔道という看板を一身に背負い、国際大会では常に負けられない戦いが続いていた。私が負けたら「山下が負けた」では済まされない。私の負けは「日本柔道が負けた」と同義なのである。

ただし、そのプレッシャーも試合に入ってしまえば気迫が上回った。最終日に行われた無差別級でも、締め技を中心にすべての試合に一本勝ちを収めた。内容的にも完成度の高い二階級制覇だったと自負している。

帰国後、ある変化が生じた。燃えるような気持ちにならないのだ。

その状態を「枯れている」と好意的に解釈する向きもある。だが、全身全霊を傾けて勝負に臨むスタイルからすると、目指すところとはほど遠い状態だった。

そうなった理由は自分でもわかっていた。

東海大学大学院の学生だった私は、柔道の稽古と並行して授業を受け、山のような課題をこなし、修士論文と格闘していた。性格的には何でもきっちりとやりたい性分である。頭の中の柔道の占める割合が、大学院の勉強に奪われていた。

もう一つは、学生を勝たせたいと考えるようになったことだ。東海大学の学部を卒業すると同時に、柔道部のコーチに就任した。自分自身の練習を極める一方、学生の指導にも取り組んだ。ここでもきっちりとやりたい性分が出る。肩書きにコーチと名がついている以上、片手間では済ませられない。

佐藤先生との会話でも「どうしたら私が強くなるか」ではなく、「どうしたら学生が強くなるか」という話題が中心になった。その結果、勝負に対する集中度が低くなり、以前のように燃えなくなったのだと思う。

その状態にしばらく悩まされたが、やがて熱い思いが蘇ってきた。四強に代わるライバルが出現したからだ。国士舘大学の斉藤仁君である。

一九六一年一月生まれの斉藤君とは三学年離れている。高校生での対戦はなく、初めて戦ったのは一九七九年一〇月の全日本学生選手権決勝である。私が東海大学の四年生、斉藤君は国士舘大学に入学したばかりだった。

その試合は、私が崩れ上四方固めで一本勝ちを収めた。それ以来、引退するまでの間に八回対戦したがすべて勝っている。ただし、一本勝ちは学生時代の初対決のときだけで、それ以降の試合は判定で決着がついている。

斉藤君とは全日本の合宿で何度も顔を合わせた。同じ階級だったため、自然と乱取りを組む機会も多くなる。

それにしても、斉藤君は本当によく私のところに来た。プライドにかけても断るわけにはいかないので、申し出を受けることは受けた。ただ、わざと人が多いところに移動して組んだ。

仮にも全日本チームに選ばれる実力を備えた柔道家である。選手としてのプライドは人一倍高くて当然だ。多くの人が注視するなかで投げられることなど、我慢できないのが普通だと思う。

わざわざ人の多いところに連れて行ったのは、言葉は悪いが、斉藤君のプライドを傷つけようとしたのだ。斉藤君を完膚なきまで投げ飛ばしながら、心の中ではこんなことを考えていた。

「俺との力の差がわかったか。もう来るなよ」

乱取りは、組めば組むほど相手の手の内がわかるようになる。自分の得意な技もかからなくなるものだ。全日本の合宿で乱取りを組むのは、自分の力を伸ばすためだけでなく、近い将来対戦したときの対策にもなるのだ。

とはいえ、乱取りを申し込まれた以上、断ったら相手から逃げたことになる。私は平然と受け、涼しい顔のままありったけの力で斉藤くんを投げ飛ばした。

斉藤君が並みの選手ではない証拠は、それでもへこたれないことだ。何度投げられても、遠慮なく「お願いします」と言ってくるのにはうんざりした。最後は、斉藤君がこちらにやって来そうな気配を察知すると、先んじて他の選手と組んだ。

斉藤君は、それほど勝負に対してひたむきだった。大勢の関係者や取材陣の前でコロコロ投げられるのはさぞ悔しかっただろう。しかし「大きな勝利をつかむために、目先の恥などかなぐり捨てる」という姿勢は素晴らしかった。

一九八三年四月の全日本柔道選手権大会で、前人未到の七連覇を達成した。決勝の相手は斉藤君だった。直接対決としては五度目、全日本選手権の決勝で当たるのは初めてだった。この年から引退する一九八五年まで、全日本選手権の決勝は三年連続で私と斉藤君の戦いとなった。

同じ年の秋、モスクワで開催された世界選手権九十五キロ超級で優勝する。無差別級には斉藤君が出場し、金メダルを獲得した。私と斉藤くんの戦いは、世界チャンピオン同士が意地とプライドを賭けて戦う試合だったのだ。

世界選手権では、三回戦で左腕の付け根を痛めたこともあり、思うような柔道ができなかった。それまでの大会とは異なり、苦しんだ末の優勝だった。これまで、どんな小さな大会の優勝にも喜びを感じてきた。しかし、このときばかりは負けなくてよかったという安堵のほうが強く湧き起こった。

「もう精いっぱいやったよ。もう十分だ。次のロサンゼルスオリンピックを最後の国際大会にしよう」

私は初めて自らの引き際を意識した。

「オリンピックの翌年の全日本柔道選手権大会を引退の花道にしよう」

絶体絶命のピンチに陥ったロス五輪

オリンピックイヤーの一九八四年、この年の全日本柔道選手権大会では斉藤君との二度目の決勝を制して優勝を飾った。こんどばかりは文句なくオリンピック代表に選出された。子どものころから抱き続けてきた「オリンピックで金メダルを取る」という夢を実現するための最低ラインに、ようやく立つことができた。

エントリーしたのは、このロサンゼルスを最後にオリンピック種目から外される無差別級だった。私の最初で最後のオリンピックと、オリンピック最後の無差別級が重なったのも何か因縁を感じてしまう。

日本選手団の主将にも指名され、ありがたくお引き受けした。開会式の入場行進で先頭を歩く旗手としても名前が挙がったようだが、これは辞退した。七月二八日に行われる開会式に、日本柔道チームが参加を見合わせることが決まっていたからだ。

ロサンゼルスオリンピックの柔道競技は、大会後半から始まることになっていた。開会式への参加に間に合うよう現地入りすると、試合の日までの間隔がかなり開いてしまう。そうなると、コンディション調整がうまくいきそうもなかった。

柔道の場合、海外での試合は四日前に現地入りするのが望ましいと言われる。日本との時差に順応するには、できるだけ早く現地入りするほうが調整しやすい。しかし一方で、大会直前まで質の高い練習を維持するには、日本から一流の練習相手を帯同しなければならない。

一流の練習相手を長期間拘束することは難しい。そのうえ、現地に長く滞在すると宿泊費や食費ばかりが嵩《かさ》んでしまう。時差への順応と調整練習という二つの要因のバランスが最も適当なのが、四日前ということなのだろう。

無差別級は八月一一日の開催だった。七月二八日の開会式から起算するとちょうど二週間である。これほど早く現地入りすることは、金メダルを義務づけられた日本チームとしても避けたいところだった。

最初で最後のオリンピックである。もちろん、開会式に参加したいという気持ちはあった。柔道チームの他の選手たちもおそらく同じ気持ちだったはずだ。だがそのためにコンディション調整に失敗したのでは本末転倒である。

マスコミからは厳しく批判された。

「開会式に欠席してメダルを手にした選手を、心から讃えることはできない」

おおむね、こうした論調だったと思う。批判はさておいて、日本柔道チームは七月三〇日にロサンゼルス入りすることを選択した。選手は万全のコンディションで日本を出発した。

私には、柔道界のためだけでなく国民のために金メダルを、という期待が寄せられた。強烈なプレッシャーだった。試合が近づくにつれ、顔つきが険しくなっていくのが自分でもわかった。緊張感ばかりが日増しに高まっていく。

ところが、試合の数日前になると、プレッシャーとは異なる強い思いが私の心を支配するようになった。

「何としても自分の夢を実現したい。自分のやってきたことが正しかったということを証明したい」

八月一一日の本番が始まった。まずはセネガルのコーリーとの対戦である。この試合は二七秒で仕留める順調な出足となった。続く二回戦は西ドイツのシュナーベル戦。この一戦に大きな試練が待ち受けていた。

試合序盤からシュナーベルは腰が引けていた。腕を引き付けると同時に体を寄せ、内股を仕掛けようとした。その瞬間、右足に異常を感じた。技をかけるときの軸足は右足である。私の柔道の生命線とも言える大切な右足のふくらはぎが、肝心なときに肉離れを起こしてしまった。

試合は続いている。平静を装ったまま、シュナーベルが背負い投げにきたところを潰してのしかかり、送り襟絞めで「参った」をさせた。試合には危なげなく勝つことができた。しかし……。

試合終了後の礼をするため、畳の中央へと歩みを進める。右足が痛む。畳に足をつけるだけで激痛が走った。だが、絶対にこのけがを周囲に気づかれてはいけない。気づかれてしまえば、次の試合から大きなハンデを背負うことになる。

何事もなかったかのように歩くよう努めた。実際、うまくできていると思い込んでいた。しかし、会場がどよめいている。いつも聞き慣れた歓声ではない。視線の先に見える佐藤先生たちの表情も、硬くこわばっているように見える。どうやら、右足を引きずっているのは誰の目にも明らかだったようだ。

「どうしたんだ！　どこをけがしたんだ！」

試合場の出入り口で待っていた佐藤先生がこわばった顔で聞いてくる。観客にもわかってしまうほどだから、先生にわからないはずはない。さらに言えば、対戦相手陣営にもわからないはずはなかった。

控室でチームドクターの応急処置を受けながら考えていた。足をひきずっても構わない。しかし、痛そうな顔だけは決してみせないようにしようと。

準決勝の対戦相手は、フランスのデルコロンボだった。デルコロンボとは過去に何度か戦っている。すべての対戦で一本勝ちを収め、大外刈りで脳震盪を起こさせたこともある。比較的やりやすい相手だった。

試合が始まると、デルコロンボは負傷した右足を狙った大外刈りを仕掛けてきた。けがさえしていなければ、反射的な体さばきで右足を引くことができる。しかし、けがを負っていてはその動きさえ満足にできない。痛む右足をまともに刈られ、後ろ向きに倒されてしまった。

「効果」

落ちる寸前に体をうまく捻ったため、畳に背中はつかなかった。一本負けという事態だけは避けられたが、ポイントを奪われてしまう。

「あのヤマシタが、外国人との試合で初めてポイントを奪われた」

その意味を知る観客席からどよめきが起こった。

「もしかしたら、俺はここで負けるのではないか」

絶体絶命のピンチに、不安と弱気が脳裏をかすめる。しかし、心の中の弱い声を打ち消すように自分を奮い立たせた。

「俺は、無様な試合をするためにここに来たんじゃない。金メダルを取るために来たんだ。そのための努力はすべてやり尽くしてここに立っているんだ。この程度のけがで負けてたまるか！」

強気を取り戻し、デルコロンボに大外刈りを仕掛ける。好調であれば一発で仕留められる得意技だ。仮に相手が倒れなかったとしても、軸足で「けんけん」をしながら追い込み、体を合わせて倒すことができる。右足の踏ん張りがきかないので、それすらもできない。

それでも、なおも大外刈りを繰り出していった。デルコロンボが左足を引いてかわす瞬間、わずかに右足に重心が乗ったのを見て取ると、反射的にその右足をめがけて大内刈りを放った。デルコロンボが畳に転がった。

「技あり」

そのまま横四方固めで抑え込み、合わせ技一本となる。勝つには勝ったが、その代償として右足の状態はさらに悪化した。

本当のフェアプレーとは何か

控室は、さらに重苦しい空気に覆われていた。誰も口を開かない。初めて外国人に投げられてポイントを奪われたことで、コーチ陣の危機感はピークに達していた。ようやく、佐藤先生が口を開いた。

「いいか、何とかして寝技に持ち込むんだ！　投げられてもいい。一本を取られなければいいんだから。寝技に持ち込んで勝負しろ！」

佐藤先生の口から続けて出た言葉は、知らない人が聞けば不穏当に響いたかもしれない。当の本人は穏やかな気持ちで聞いていた。

「なあ、泰裕。この試合で俺とおまえの師弟関係は最後にしよう」

この言葉で、勝負に賭ける先生の覚悟が伝わってきた。と同時に、大きな愛情や激励の気持ちが感じられた。決意を固め、控室を出た。

決勝の相手は、エジプトの巨漢ラシュワンだった。身長一九二センチ、体重一四〇キロ。私より二回りも大きい。得意の払い腰を中心に、決勝までの試合をすべて一本で勝ち上がってきた。

戦う覚悟は決まっていた。しかし、どう戦えばいいのかがわからなかった。いつもなら必ず浮かぶ勝利のイメージがまったく湧いてこない。思案を続けながら、試合会場の目の前にある控えの席で出番を待った。そこへラシュワンが入ってくる。鼻息荒く、両腕を振り回してウォーミングアップを始めた。

無意識のうちにラシュワンの目を見ていた。やがて、ラシュワンが視線に気づく。目と目が合った。にっこりと微笑みかけた。もちろん、心の底から微笑んでいるわけではない。ウォーミングアップの動きを一瞬止めたラシュワンが、微笑みを返してきた。

「よし、これでいける。チャンスはあるぞ！」

そう直感した。ラシュワンの体に漲《みなぎ》っていた殺気が抜けたように感じたからだ。まったく勝利をイメージできなかった私に自信が蘇った。

七分間の試合が始まる。二人は畳の中央でがっちりと組み合った。先に仕掛けてきたのはラシュワンだった。

彼が攻めてきたのは、けがをした右足だ。とっさに右足を引いてかわすと、ラシュワンはすかさず左足に狙いを変えて払い腰に来た。

実は、そこから数秒間の試合展開は明確な記憶がない。気づいたときには、ラシュワンを抑え込んでいた。

ビデオで確認すると、左足を開いてラシュワンの払い腰をかわすと同時に、本来の軸足ではない左足を軸にしてラシュワンを投げている。これまでの柔道人生では、考えたこともやったこともない動きだった。頭で考えて動いたのではなく、体が自然に反応した「無の境地」だったのかもしれない。

ラシュワンが畳に崩れ落ちると同時に、すかさず抑え込みの体勢に入る。しばらくは逃れようともがき、両足を絡めて抵抗するラシュワン。だが、寝技は私の得意とするところだ。絡みついていた左足を抜くと同時に、主審が抑え込みのコールを発した。

がっちりと決まった私の横四方固めは、容易に逃れることはできない。試合開始から一分五秒、会場に長いブザーが鳴り響いた。

「一本」

畳を両手で叩く。立ち上がって両腕を突き上げる。会場の歓声が膨れ上がった。表彰式では松前重義先生から金メダルを授与される。会場に流れる君が代を聞いた。目の前では、日の丸が一番高いところに掲揚されている。

中学三年生で作文に書いた通りの夢が実現していく。その様子を目に焼き付けながら、頭の中に浮かんだことがある。

「俺は世界で一番幸せな男ではないだろうか」

後日、ラシュワンは国際連合教育科学文化機関（ユネスコ）のフェアプレー賞を受賞した。負傷したヤマシタの右足を狙わずに戦ったことが理由だという。これについては解説が必要だろう。

試合開始早々、ラシュワンは私の右足を狙った払い腰を仕掛けている。あるテレビ番組のインタビューでもこう語っている。

「ヤマシタに右足を警戒させておいて、反対側の左足を狙う作戦でした」

ラシュワンは、試合前に考えたプラン通りに技を仕掛けてきた。結果的にそれがうまくかからず、反対に投げられて負けたというのがあの試合である。

だからと言って、ラシュワンのフェアプレー精神が揺らぐわけではない。

けがをした相手を困らせようと思えば、前後左右に激しく動かせばいい。畳の隅から隅まで引きずり回せば、ダメージは一層大きくなる。

ラシュワンは、そうした卑劣な方法を選択しなかった。その一方で、けがをした右足をあえて狙わないという「情け」をかけることもなかった。それはむしろ、アスリートとしてはアンフェアな行動だと思う。

二〇〇五年八月、エジプトのカイロでラシュワンと対談した。そのときのラシュワンの言葉である。

「当時のエジプト柔道連盟の会長が、ヤマシタのけがをした右足を攻撃しろと言ったのです。私はこう言いました。それはできません。私には柔道家としての誇りも、アラブ人としての誇りもありますから」

ラシュワンは、私の足のけがなど関係なく、正々堂々と勝負を挑んできた。それこそが、本当の意味でのフェアプレーではないだろうか。

過去の栄光はすべて忘れて構わない

柔道選手としての力量を客観的に評価すると、私と外国人選手との間には当時大きな差があった。不遜な物言いに聞こえるかもしれないが、けがさえしていなければ何の波乱も起こらなかったと思う。

「山下？　ああ強かったね。でも、まあ当然じゃない？」

オリンピックが終わってしばらくの間はマスコミや国民の話題に上っただろうが、おそらくすぐに記憶から消え去っていたに違いない。

現実は、金メダル確実と言われた山下が試合中に大きなけがを負い、それが原因で初めて外国人選手に投げられる。試合を見守っていた日本国民は、山下は本当に金メダルが取れるのだろうかと気を揉んだと思う。

結果論になるが、逆境を跳ね返して金メダルを獲得したことで、多くの人の心を動かすことができたのだろう。むろん、望んでけがをしたわけではない。あれだけの大舞台でけがをすること自体、褒められた話ではないことは承知している。ただ、けがをしながら金メダルを取ったことで、私の人生は変わった。

オリンピックを終えて帰国すると、日本中が熱狂していた。その様子を見て怖くなった。もし、あの勝負に負けていたら……。体が震えた。

帰国後、故郷に帰った。それに合わせて、小学校時代の同級生がお祝いの会を開いてくれた。会の最後にいただいた記念品が一枚の表彰状である。

表彰状　　山下泰裕殿

あなたは、小学校時代、その比類稀なる体を持て余し、けんかをして相手を泣かせたり教室で暴れたりして、我々同級生に多大な迷惑をかけました。

しかし、先のロスアンゼルスオリンピックに於いては、我々同級生の期待を裏切るまいと持前の闘魂を発揮し、不慮の怪我にもかかわらず、堂々と金メダルに輝かれました。

この事は、小学校時代の数々の悪行を精算して余りあるどころか、我々同級生の誇りとする処であります。

よってここに表彰し、偉大なるやっちゃんに対し、最大の敬意を払うと共に、永遠なる友情を約束するものである。

昭和五十九年八月二十六日　昭和四十四年度浜町小学校卒業同級生一同

私は過去の栄光に寄りかかって生きる人間にはなりたくない。

むしろ、過去はすべて忘れても構わないと思っている。いまに生きる人間、未来に向かって生きる人間でありたいと強く願っている。

現役時代の実績を記したトロフィーや表彰状は、だからどこにあるのかさえ把握していない。しかし、仲間からもらったこの表彰状だけは特別だ。何よりも嬉しい贈り物として、いまでも大切に飾ってある。

引退を決めた理由

「柔道は格闘技だ。闘志、気力が衰えたら格闘技者としての資格はない。試合場の青畳の上では、死ぬことも覚悟して戦わなければならない。絞め技では相手を殺すつもりで絞めあげる。関節技では腕を折るつもりでねじあげる。この気迫を失ったら、もはや戦う資格はない」

これが私の勝負哲学である。引退を考えたのは、勝負哲学をまっとうできなくなったからである。誰かに負けるまで現役を続けるという考え方は持ち合わせていない。

オリンピックから三カ月後の一九八四年一一月、佐藤先生に初めて引退の意思を打ち明けた。自分の中で引き際を意識してから、ほぼ一年後のことだ。

いま思えば、オリンピックで金メダルを取って華々しく引退するという選択肢もあったかもしれない。しかし、当時は考えもつかなかった。真のチャンピオンであれば、打倒山下を掲げて必死の努力を続けていた斉藤仁君の挑戦を、もう一度受ける義務があると考えていたからだ。

ところが、けがの治療も、十分な休養も、余念のない準備もできない状態が長く続いた。ロサンゼルスから帰国して年内いっぱいの数カ月間、マスコミ取材、講演会、イベントの対応で、まさに見動きも取れないほどの過密スケジュールに悩まされた。

モントリオールオリンピックを紙一重の差で逃し、モスクワオリンピックを日本の政治的ボイコットで逃していたので、最初で最後と決めていたロサンゼルスオリンピックでは悔いのない試合をしたかった。オリンピック前に申し込まれた取材や講演を、帰国したら必ず受けると安易に先延ばしにしていた。

金メダルを取ったからには断るわけにもいかず、すべてに対応した。その代償は大きかった。最優先すべき、けがを治すことも満足にできなかった。人生最後の戦いとなる全日本柔道選手権大会に向けた練習をする時間も取れなかった。やるべきことができないもどかしさで、多くの人にお祝いを言われても悲しくて涙が出てしまう。周囲から人生の絶頂と思われていた時期に、ひどい自己嫌悪に陥っていたのだ。

ようやく練習に打ち込めるようになったのは、年が明けた一九八五年一月下旬になってからである。それでも一向に調子が上向く気配はなく、苦しい日々が続いた。試合当日のサポートに入ってくれた学生から、あとになって聞かされた。

「山下先生は、あのまま引退してしまうのではないかと思いました」

そう思われるほどコンディションは最悪だった。どうにか調子を取り戻したのは、大会本番が二週間後に迫ったころである。

一九八五年四月二九日、現役最後の全日本柔道選手権大会は、予想通り斉藤君との決勝戦になった。勝敗よりも「山下泰裕の柔道」をまっとうすることだけを考えて試合に臨んだ。そういう意味では、悔いの残らない試合ができた。微妙な判定だったが、柔道人生最後の試合を勝利で飾った。

三日後、佐藤先生に引退の決意を正式に伝えた。佐藤先生は簡潔に答えた。

「わかった。辞めるのはいつでもできるから、もう一度だけ考えてみなさい」

生まれ故郷の熊本・矢部町から、ロサンゼルスオリンピック優勝記念のブロンズ像が贈られることになった。贈呈式のため、四日間の予定で帰省した。三日間は式典や挨拶回りで多忙を極めた。時間をやりくりし、一日だけ自分の部屋にこもってじっくりと引退について考えた。

「ここで辞めて本当にいいのか？　悔いは残っていないか？」

大学に戻ると、佐藤先生に改めて引退を決意したことを報告した。佐藤先生と二人で松前重義先生のもとに出向いた。部屋に入った私の顔を見た松前先生は、何も言わず秘書にワインを持ってこさせた。人数分のグラスにワインが注がれると、松前先生はグラスを掲げてこう言った。

「山下くん、長い間ご苦労だったね。さあ、乾杯しよう」

一九八五年六月一七日午後五時、東京・霞が関ビルの東海大学校友会館は、二〇〇人近い報道陣で埋め尽くされた。松前先生、猪熊功部長、佐藤先生同席のもと、私の引退会見が開かれた。

「精神的にも肉体的にも、これが限界と感じ、現役引退を決意しました」

現役時代は、理想の柔道家を目指して常に前を向いていた。その理想とは「隙のない柔道家」「どのような状況に置かれても常に冷静に戦える柔道家」「一瞬のわずかな隙を逃さない柔道家」「素晴らしい技の切れ味を持つ柔道家」である。

高い理想を掲げていたからこそ、他人が見れば羨むような結果を出しても「まだまだ理想の柔道家への道は遠い。こんなものじゃないはずだ」という気持ちを持ち続けて精進できたと思っている。

周囲の方々は、本当の頂に登り切っていない私の実績を褒め称えてくれた。しかしそうした言葉に驕ることなくひたすら頂上を目指すために前だけを見た。現役を引退するまで、自分が登って来た道を振り返ったことはない。

「自分の目指した柔道からすると、到達したのは八割ぐらいです」

引退会見での発言は、決して謙遜ではなく、極めて正直な気持ちだった。

自分の登って来た道を途中で振り返っていたら、ここまでのことはできなかっただろうと思う。ある程度の目標を達成したことで満足してしまい、さらに上を目指そうという気持ちが湧いてこなかったに違いない。

現役引退後、初めて自分の通ってきた道を振り返った。五五九戦五二八勝一六敗一五引き分け。世界選手権三連覇。全日本選手権九連覇。連勝記録二〇三。対外国人選手無敗。我ながら驚きを禁じえなかった。

いまでは、少しだけ自分を褒めてもいいかもしれないと思っている。

第三章

家族を背負う

型破りの養育法で育ててくれた祖父・泰蔵と

祖父の〝独創的〟子育て

私の故郷は、熊本県上益城郡矢部町浜町（現在の山都町《やまとちょう》浜町）である。熊本市から南東に約三〇キロ、阿蘇山の南約二〇キロに位置し、山や谷、小さな川に囲まれた、緑豊かな山間の町だ。近くには国の重要文化財にも指定されている、石組みによる水路橋「通潤橋」がある。

一九五七年六月一日にこの町で生を受けた。体重は三〇〇〇グラム。当時としてもごく標準的な大きさの赤ん坊だった。父山下六男と母山下倭子《しずこ》にとって初めて授かった子どもである。母方の祖父山下泰蔵から「泰」の字を、昭和天皇から「裕」の字を取って泰裕と名づけられた。

両親は生鮮食料品や乾物を扱う卸売業を営み、小売店を併設していた。早朝から熊本市内へ仕入れに出掛け、戻ってからは周辺地域の小売店への配送をこなす。店先に立ってお客さまの対応もしなければならない。業務は多忙を極め、母は出産する前に休みを取ることさえできなかった。

後になって聞いた話では、もう間もなく生まれそうだという時期になって、ようやく出産に使う部屋の掃除に手を付けたそうだ。タイミング良く、その晩から陣痛が始まったという。

出産後、母はすぐに仕事に戻った。そのせいかどうか定かではないが、母乳の出が思わしくなかったという。空腹でよく泣く赤ん坊だったそうだ。生後四〇日目に行われた身体測定では、身長、体重ともに標準値を下回った。

その小さな赤ん坊が、生後一〇カ月には矢部町の赤ちゃんコンクールで優勝し、上益城郡でも三位に入賞するまでに成長した。翌年に参加した第五回熊本県赤ちゃんコンクールでは、ついに最優秀児にまで上り詰めた。これには、祖父の風変わりな養育方法の影響があったのではないかと思っている。

祖父にとって私は初孫だった。母が仕事に忙しくしていたこともあり、熱心に面倒を見てくれた。

「この初孫ば、どぎゃんかして強く丈夫に育てんならば」

祖父にはそんな強い信念があった。思いが特徴的に表れた話をいくつか聞かされたことがある。

午前三時に起床し、片道一時間かけて熊本市内の市場まで仕入れに出掛ける祖父の夜は早い。夕方、開店したばかりの銭湯の一番風呂につかるのが日課だった。

祖父は、そこに生後二カ月足らずの赤ん坊を抱えて行った。一番風呂のきれいなお湯につけたまではいいが、あとに続く行為が居合わせた近所の人たちを驚かせた。赤ん坊の体を、ヘチマを使って赤くなるまでこすりあげたのだ。風呂からあがる前には冷水も浴びせかけた。生後間もない赤ん坊にやることではない。

「赤子にあんなことばして」

近所の人たちは、口々に祖父を非難したという。しかし、一度決めたらてこでも動かない頑固者の祖父は、周囲の声に耳を貸そうともしなかった。言葉のわからない赤ん坊の耳元に語りかけながら、この行為を毎日繰り返した。

「これでお前が病気せんごつなっとばい」

おかげで皮膚が強くなった。確証はないがそんな気がする。祖父の型破りな養育法はこれだけにとどまらない。

銭湯から戻った祖父は、ビールを片手に好物の刺身をつまんだ。あるとき、隣にいる赤ん坊を見ながら思いついたのだろう。

「刺身は消化もよか。栄養もよか。体に一番よか。この新鮮な刺身が赤子に悪かはずはなか。よし、刺身ば食わせちみよう」

祖父は、自分の歯で嚙み砕いた刺身を赤ん坊の口に放り込んだ。何の抵抗もなく飲み込んだという。満足した祖父は、それから毎日のように刺身を食べさせた。魚の仲買人として働く祖父にとって、新鮮な魚を手に入れることは容易だった。特に鯛の刺身を細かく刻んで与えると、赤ん坊はおいしそうに食べたという。

刺身以外の部分も有効に使った。魚の身を取ると「あら」が出る。祖父は、あらを使って何かできないかと思案する。

「よし、今度は骨ば太うするために、魚の汁ば吸わせちみよう」

祖父自ら台所に立った。魚のあらをたたき、昆布と一緒に煮出して特製スープを作った。味付けはほんの少しの塩だけだった。刺身と同じように、赤ん坊はこの特製スープもうまそうに飲み干したそうだ。

ある日の食卓に、鯛のあらで作ったスープとふぐのあらで作ったスープを同時に出したことがある。鯛のスープを飲ませたあとにふぐのスープを与えると、赤ん坊はうまそうに飲んだ。反対に、ふぐのスープを飲ませたあとに鯛のスープを与えても、いっさい口をつけなかったそうだ。ふぐのスープはそれほどおいしく、赤ん坊の舌がいかに肥えていたかという話である。もちろん、祖父が好んでしていた自慢話なので、真偽のほどは定かではない。

赤ん坊のときのこの食生活のおかげで、選手生命が長らえた出来事がある。すでにご紹介した話だが、一九八〇年にモスクワオリンピックボイコットが決定した直後、福岡県で行われた全日本選抜柔道体重別選手権大会での出来事である。

決勝の相手、遠藤純男さんの繰り出した「カニばさみ」にかかり、左足の腓骨を骨折した。会場近くの病院に二週間ほど入院してから、神奈川県の東海大学伊勢原病院に転院した。大学病院の先生は、レントゲン写真と骨折した場面が映った試合のビデオを見るなり口走った。

「きみは運がいいね。親御さんに感謝しなきゃ」

骨折してたいへんな思いで入院しているのに、運がいいとは何事だ。憤然としている私に向かって先生は続ける。

「あんな状況で、腓骨しか折れなかったのはラッキーとしか言いようがない。しかも単純骨折で済んでいる。きみほどの体重があって、あれほど無理に踏ん張ったら、脛骨が折れていても不思議じゃないんだよ。運が悪ければ、足首だって折れていたかもしれない。柔道ができなくなっていたかもしれないんだよ」

先生はさらに言う。

「この程度のけがで済んだのは、きみの骨が丈夫だからだ」

現役時代に達成できた数々の実績は、周囲の批判を顧みもせず丈夫な体に育ててくれた祖父のおかげかもしれない。

祖父には妻アサカとの間に一男三女がいたが、長男と次女を早くに亡くしている。初孫の男の子に対する期待と、強く丈夫な子どもに育てなければならないという信念が強かった背景には、こうした事情もあったと思う。

両親の働く背中を見ながら

母山下倭子は、漁師町出身で頑固者の祖父の血を引き、気が強い女性だった。

一九三二年に泰蔵の長女として生まれるが、間もなく兄と妹が亡くなる。自身も二歳のときに患った赤痢によって生死の境をさまよった。医者からも見放されるほど重症だったというが、どうにか一命は取りとめた。

父と結婚してからは、日々家業に精を出しながら三人の男の子を育てた。そんな母の人柄を表すエピソードがある。

保育園に入ったばかりの私の体は、四歳とは思えないほど大きかったという。数字の上では小学校二、三年生の平均値に相当するほどだった。小学校に進んでからも、周囲の友人たちとの体格差は広がる一方だった。

当然のことながら、力が強い。本人は軽く押したつもりでも、相手の子どもが吹っ飛んでしまう。悪気はないのに同級生の友人たちから怖れられていた。いまで言う登校拒否の子どもまで出る始末だった。

「やっちゃんのおそろしかけん、学校にゃ行こごつなか」

一年生か二年生のときだったと思う。保育園時代の仲間がいじめられていると知らせに来てくれた友人があった。急いで駆けつけると、仲間をいじめている子に向かって大声で怒鳴った。

「何するんだ！」

気迫のこもった声に押されたのか、いじめっ子が泣き出してしまった。

周囲にいたクラスメートたちは、一部始終を見ていたにもかかわらず、なぜか山下くんがいじめたと先生に報告した。すっ飛んで来た先生は泣いた子に謝れと言う。悪いことをした意識はまったくなかったので、頑として謝らなかった。反論する機会さえ与えられず、いつの間にか悪者になっていた。

家に帰ると、学校から連絡を受けていた母が待ち構えていた。正座をさせられ、友だちをいじめた理由を問い質《ただ》された。必死の思いで訴えた。

「違うよ！　俺は友だちを助けようとしただけだよ。大声で怒鳴っただけで、殴ってなんかいないよ！」

母は信じてくれた。

翌日、学校を訪れた母は、事実関係を再度調べてほしいと抗議した。日ごろからわんぱく坊主の私のことで学校に呼び出されては謝罪を繰り返していた母が、濡れ衣を着せられかけたわが子をしっかりと守ってくれたのだ。幼心に、これほど信じてくれる母を裏切ってはならないという思いが湧き起こった。

こっぴどく叱られた思い出もある。

学校帰りの道すがら、何人かの友人とじゃんけんをして、負けた者が全員のかばんを持って歩くというゲームをしていた。仲間のなかに、軽度の小児麻痺の子が一人交じっていた。

そこへ、母がたまたま通りかかった。小児麻痺の子がフウフウ言いながら全員のかばんを抱え、ほかの連中は手ぶらで歩いていた。見とがめた母に大声で叱られた。

「泰裕！　何をやっているんだ、おまえは！」

こちらにも言い分があった。みんなでゲームをしていただけだ。怒られるようなことはしていない。

「俺は何も悪くない！　じゃんけんに勝ったんだ」

母に呼びつけられた。少し悲しそうな顔をしている。

「そんなに大きい体をしているのに、あの子が負けたときに何で『俺が代わりに持ってやる』と言えんのだ。それがお母さんは情けない！」

返す言葉がなかった。叱られたことは何百回とあったが、この二つの出来事は強く印象に残っている。

父山下六男は、九人兄弟の末っ子に生まれ、男で六番目だったことから六男と名づけられた。父の実家は農家である。穏やかな農家の家から、漁師の血を引く気性の荒い山下家に婿養子に入った。

父は寡黙な男だった。それだけに、言われたことは鮮やかな印象として私の記憶に深く刻まれている。

月曜日から土曜日まで早朝から働き詰めの両親は、日曜日だけは朝が遅かった。それをいいことに、二人が起き出す前にそっと布団から出て手早く着替えを済ませる。前の晩の残ったご飯に冷えた味噌汁をぶっかけて急いでかき込むと、音を立てないように玄関の戸を開けて外に飛び出していった。

家を出る前に、店先に並ぶチョコレートやせんべいをポケットに入れた。台所ではほんの少しの塩を紙に包んだ。塩の使い途は、遊びに行く先々の畑にあるトマトやきゅうりを食べるときの味付けである。

さんざん遊び回って日が暮れるころ、両親に黙って出かけてきたことをようやく思い出す。少しドキドキしながら家路を急ぎ、出かけるときと同じようにこっそり扉を開けて家に入る。

「泰裕っ！」

甲高い母の怒鳴り声が待っていた。見つからないはずはないのだ。そんなときでも父は黙って迎え入れてくれた。

小学校三年生か四年生のときだっただろうか。とある日曜日、性懲《しょうこ》りもなくいつものようにそっと家を出た。近所の中学生たちと連れ立って、自宅から一〇キロほど離れた川に釣りに出かけた。

途中で連絡を入れるなどという発想はなく、家に帰り着いたのは午後八時をまわっていた。いつもの「泰裕っ！」ととがめ立てる母の声はなく、静かに迎え入れてくれる父の姿もなかった。

両親に代わって祖父母に叱られているうち、あちらこちらを捜し回っていた両親が戻ってきた。父は、それまで見せたことのないすさまじい形相でこちらを睨むと、怒りを抑えた静かな口調で言った。

「自分のやったことをよう考えろ」

そのときの父の顔をいまだに覚えている。少年時代の私が怖かったのは、気性の激しい祖父や母ではなく、普段は穏やかな父だった。

柔道を始めてからは、祖父は柔道を第一に考えろと言った。しかし父は学生の本分である勉強をおろそかにすることを極度に嫌った。

「最低限やるべき勉強だけはやっておきなさい。将来、社会人として生きていくためには勉強が大切になる。柔道を取ったら何も残らないような人間だけには絶対になってはいけない」

「そんなこと、言われなくてもわかっているよ」

当時は、父の言葉を疎《うと》ましく感じていた。いま思えば、少しばかり柔道が強くなった私が驕り高ぶらないために戒めてくれていたのだろう。

大相撲に入門した父の知人がけがのため引退し、残りの人生を寂しく送ったという話を聞いた。みじめな事例を身近に見ていたからこそ、父は勉強の大切さを言い続けたのだろう。柔道にはけががつきものだ。父は先の事まで心配してくれていた。

少年時代に起こった出来事では、それぞれの場面で親の優しさやありがたさを感じ取ることができた。ただ、私たち三兄弟の人格形成に最も大きく影響を及ぼしたのは、両親の働く背中を毎日目にしていたことだと思っている。

額に汗して懸命に働く親の姿を見ていれば、子どもにも尊敬の念や感謝の気持ちが自然と芽生え、頭が下がるものだと思う。

いま、親の働く姿を目にする子どもは少ない。子どもにとっても親にとっても、とても不幸なことではないだろうか。

極度の負けず嫌い

少年時代の私は、授業中の落ち着きがない子どもだった。学校が終わると途端に目の輝きが増し、野山を駆け回って生き生きと遊んだ。もちろん宿題もしなければ、本を読むこともなかった。

極度の負けず嫌いの性格も、このころにはすでに形成されていた。たいしたことができるわけでもないのに、自分が一番にならなければ気が済まなかった。思い通りに事が進まないとすぐに手が出る「悪ゴロ」だった。通信簿の所見欄に先生からの褒め言葉をもらったことは一度もない。

結婚して子どもがまだ小さかったころ、家族を連れて熊本の実家に帰ることが何度かあった。そのたびに、母は子どもたちにこう言って通信簿を見せた。

「おまえたちのお父さんは、小さいころたいへんな問題児だったのよ。おじいちゃんとおばあちゃんをいかに困らせたか。これを見てごらんなさい」

これには閉口した。普段は偉そうに自分たちを叱る父が子どものころは問題児だったと知れば、子どもたちは言葉の重みを感じなくなってしまう。教育上非常にまずい事態に陥ると判断し、一〇年ほど前にすべての通信簿を実家から回収した。

小学生になると、身長が友人たちから頭一つ分抜け出すほどになった。体格は横にも大きくなっていた。肥満児である。悪ゴロからの脱却と肥満の解消のため、母は武道に取り組ませようと考えた。これが柔道と出会うきっかけとなった。

最初に連れて行かれたのは剣道の道場だった。剣道に興味を持たせようと、母はすぐに竹刀を用意してきた。ところが、剣道用品を売る店の主人に身長と体重を伝えただけで買ってきたものだから、ほかの子どもが使う竹刀に比べて長く、重かった。

いくら体が大きいとはいえ、小学三年生の腕力で自在に扱うことは難しかった。素振りをするだけでも周囲から遅れてしまう。やがて剣道に対する興味を失い、防具をつける前に道場に行かなくなった。

一生懸命だった母に、辞めたとは言えなかった。剣道場に行くと言っては遊びに出かけていたが、間もなく母の知るところとなった。もちろん、大目玉を食らったのは言うまでもない。そんなときでも、父だけは私をかばってくれた。

「本人が嫌がっているのだから、無理して通わせなくてもいいだろう」

剣道がだめなら柔道がある。故郷の矢部町には警察官ＯＢが開いている道場が一つだけあったので、そこへ連れて行かれた。

柔道に関しては少なからず関心があった。

美空ひばりが主題歌を歌った「柔」、富田常雄原作の「姿三四郎」、嘉納治五郎師範と講道館四天王をモデルにした「柔道一代」など、当時は柔道をテーマにしたテレビドラマがいくつも放送されていた。

国語の教科書にも、嘉納師範を扱った文章が載っていた。体が弱く小さかった嘉納師範が柔道と出会い、人間として成長する。一生懸命鍛えれば、小さい者でも大きな相手を投げ飛ばすことができる。感激した私は、母にそのことを熱っぽく語ったそうだ。こうして、九歳の少年の柔道場通いが始まることになる。

「自分の力の限界を知りなさい」

柔道家として現役を退いたあと、私は指導者の道を歩き始めた。

そのときの教え子には、自分の子どものつもりで接してきた。監督の私を助けてくれるコーチたちとも、家族のように協力し合った。これからお話しする指導者時代のエピソードについては、家族をイメージしながら読んでいただくとわかりやすいかもしれない。

指導者になる前、一九八六年五月に結婚した妻みどりと二人でイギリスに旅立つことになった。新婚旅行ではなく、日本オリンピック委員会の海外研修プログラムを利用した一年間の海外留学だった。

スポーツに関わる研修と言うよりも、実際は語学研修の意味合いが強かった。英語を理解できるようになれば、それだけで吸収できるもの、視野、人脈などあらゆることが違ってくる。出発したのは、現役引退からほぼ一年が過ぎた一九八六年九月に入ってからである。

ロンドン郊外のウィンブルドンに居を構え、欧州各国で開催される柔道の国際大会や講演会、イベントなどに参加した。会場では、各国の選手や各地域の柔道関係者たちと柔道のあるべき姿を議論し、柔道が発展するための課題を語り合った。

外国人との交流で刺激を受けながら、イギリスで出会った日本人からも大きな影響を受けた。早稲田大学ラグビー部の元監督で、三度の大学日本一を達成した日比野弘さんである。日比野さんは三期にわたって全日本の監督も務め、一九八三年には大善戦したウェールズ戦の指揮を取った。

日比野さんは半年ほど前からイギリスに留学していた。家族ぐるみのお付き合いをするなかで、あるとき日比野さんに質問を投げかけた。

「大学生の指導をするとき、日比野先生はどのようなことを大切にしていらっしゃいますか」

日比野さんはこう答えた。

「僕は、学生に責任を転嫁しないよう心掛けています」

選手がミスをしたとき、多くの指導者は「おい、何回も言ったじゃないか」などという言い方をしてしまうことがある。

日比野さんは、そうした言葉を指導者の独りよがりだと指摘する。自分はきちんと指導したということだけで終わっていないだろうか。自分の発した言葉が選手たちにしっかりと伝わっていただろうか。伝わっていないのだとしたら、指導した自分に問題があるのではないだろうか。

練習で何度も教えた技術を試合で発揮できなかった選手に「おい、あれほどやったじゃないか」と言う指導者もいる。

形として指導したとしても、強いプレッシャーのかかる大事な場面で使えるまで繰り返しやらせただろうか。あるいは、実際の試合と同じような環境を作ってやれただろうか。日比野さんはさらに続けた。

「選手が満足に力を出し切れなかったとき、あるいはミスをしてしまったときに、指導者が選手のせいにしてしまったとしたら、指導者の人間としての成長は間違いなく止まってしまいます」

一九八八年のソウルオリンピック。全日本柔道チームの獲得した金メダルは、九五キロ超級の斉藤仁君の一個だけに終わった。

マスコミは、これを「惨敗」と表現した。

ソウルオリンピック全日本柔道チームの監督は、現役時代にしのぎを削った上村春樹さんだった。上村さんは「惨敗」した日本柔道チームを立て直すため、一九九二年のバルセロナオリンピックまで続投することになった。

一九八八年一〇月、全日本柔道連盟強化コーチに指名された。上村さんの新しい体制のもと、重量級の指導を担当することになった。コーチの立場でできることは限られているが、自分なりの強化策を模索しながら指導に当たった。

まずは、他の競技の強化方法を研究することから着手した。

当時の日本は水泳、スキージャンプなどが好成績をあげていた。資料を読み込み、関係者に話を聞いて回った。いくつもの「気づき」があった。

最も興味深かった分野はスポーツ医科学である。外国勢との対戦で好成績をあげている競技は、栄養管理やコンディショニング、メンタルなどの分野に優れた専門スタッフを配していた。

全日本柔道チームにもサポートスタッフはいたが、柔道経験者に限られる傾向があった。果たして、日本柔道は世界と戦うためのトップクラスの専門家を集められているのだろうか。強い疑問が湧いた。

あるとき、日本男子バレーボールの黄金期を築いた松平康隆さんの講演を聞く機会に恵まれた。松平さんは、会場に居並ぶ指導者に言い放った。

「自分の力の限界を知りなさい」

松平さんはさらに強調した。

「バレーボールで強いチームを作ることができたのは、専門スタッフの英知を結集したことが最大の要因です。監督一人で世界一のチームを作れるなどと、決して過信してはいけません」

この言葉には強く感銘を受けた。それと同時に、自分の「気づき」は間違っていなかったと確信した。

コーチ就任当時、柔道選手の食事が気になっていた。

全日本柔道チームの合宿では、起床してからすぐに四時間の練習に取り組み、練習が終わってから朝昼兼用の食事をとっていた。しばらくの休憩を挟み、再び四時間程度の練習に汗を流してから夕食を食べる。この「一日二食」という習慣が正しいのかどうか疑問に感じていた。

全日本柔道チームのサポートスタッフに調査を依頼するが、満足する回答は得られなかった。困っているところに、東海大学の関係者がある人を紹介してくれた。明治製菓に所属する栄養アドバイザー、青山晴子さんだ。

青山さんは、柔道経験はまったくないものの、栄養アドバイザーとしての実績は十分だった。上村監督の了承を得て、代表スタッフをお願いすることにした。

全日本柔道チームに初めて新しい血が注入される。初めのうち、関係者は半信半疑だった。しかし二つの出来事によって青山さんは信頼を勝ち取った。

バルセロナオリンピックの代表を決める国内予選の一つで、吉田秀彦選手が初戦で敗れた。吉田選手は、七八キロ以下級の代表として全日本チームにも選ばれている大本命だった。原因は減量の失敗だった。吉田選手はその後、青山さんの適切な栄養管理に基づいて減量を成功させ、復活を果たして代表の座を勝ち取った。

青山さんは、七一キロ以下級の古賀稔彦《としひこ》選手のケースでも手腕を発揮する。開催地のバルセロナに入った直後、古賀選手が練習中に膝の靭帯を痛めてしまう。練習はおろか、ほとんど動けない状況に陥ってしまった。

このままでは、試合の日までに体重が増加して計量をパスできない。かといって過度に食事を制限すれば、筋肉が落ちてパワーが失われる。古賀選手と青山さんに突きつけられたのは、けがの治療はもちろん、一定の筋力を維持したまま減量するという難題だった。青山さんは、この難題を見事に解決してくれた。

オリンピック本番では、青山さんが関わった古賀選手と吉田選手が金メダルを獲得した。ほかに、六〇キロ以下級の越野忠則選手が銅メダル、八六キロ以下級の岡田弘隆選手が銅メダル、九五キロ超級の小川直也選手が銀メダルを手にした。関係者の青山さんを見る目は、ものの見事に変わった。

金メダル二個、合計五個のメダル数は、柔道王国日本としては満足できる結果ではない。しかし、日本柔道復活の端緒につくことはできたと思う。

バルセロナオリンピックを最後に、上村さんが監督を勇退することになった。全日本柔道連盟から後任に指名された私は、一九九二年一〇月、三五歳で全日本柔道チームの監督に就任する。

「日本食禁止令」の真の狙い

全日本柔道チームは何のために存在するのか。

この問いに対する答えは明確だ。オリンピックや世界選手権で金メダルを獲得するためである。そのチームを預かる監督に課せられた最大の使命の一つは、オリンピックや世界選手権で勝てる選手を育成することである。

現役時代、留学期間、コーチ時代を通じて、自分なりに理想とする強化策を常々構想してきた。監督になったいま、それを具現化するときがやって来たのだ。私は監督に就任するとすぐ、全日本柔道チームの改革に着手する。

当時の代表選手の選考は、国内大会を重視する傾向にあった。

「世界最高の柔道王国ニッポンで勝った選手が、世界最強の選手である」

柔道関係者に驕りがあったのではないだろうか。外国人選手に勝てる選手を選考するのに、なぜ国際大会を軽視するのか納得ができなかった。

選手を評価するときの減点方式にも疑問があった。

わざわざ海外の大会に出場しても、万が一負けてしまえば減点される。この評価方式が採用される限り、選手たちが海外遠征を避けるのも無理はなかった。

監督就任とともに、代表選手選考は国際大会重視、選手評価を加点方式に改める方針を打ち出した。これまでとは一転し、積極的に海外に出て行かないと代表選手には選ばれない環境に変わった。

選手や所属チームの指導者から反発が起こる。

「なぜ日本人が外国人から学ばなければならないのか」

次々に聞こえてくる反発の声に対し、決して上から押さえつけるようなことはしなかった。改革に踏み切った意図を丁寧に説明し、納得してもらった。この方針は二年ほどで日本柔道界に定着した。

選手たちには、海外遠征での生活も変えてもらった。当時、マスコミからセンセーショナルな扱いを受けた「日本食禁止令」である。

全日本柔道チームはそれまで、海外遠征に行くときには大量の日本食を現地に持ち込んでいた。これを廃止し、現地の日本食レストランでの飲食費をチームに請求することも禁じた。

狙いはたった一つである。海外の慣れない環境に乗り込んでも、自分一人の力で生活できるような逞《たくま》しさを身につけさせることだった。そんなことさえできずに、外国人相手に実力を発揮することなどできないと考えたからだ。

ただし、オリンピックと世界選手権だけは例外扱いにした。この二つの大会は、選手を育成する場ではなく結果を出す場である。従来通り日本食を持ち込み、選手のコンディション調整に万全を期するよう配慮した。

それに、個人の責任で日本食を持ち込むこと、現地で自分で探して自分の金で日本食レストランに行くことまで禁じたわけではない。マスコミが盛んに煽《あお》った「日本食禁止令」とは、まったく意味合いが異なる。

それでも、この改革に柔道界から批判が起こる。

「伝統的な指導方法の軽視」

「他人任せで自分がない」

さすがに面と向かって指摘してくる人はいなかったが、あちこちでこうした声があがっていたという。私は一切怯《ひる》まなかった。

ハンディキャップを持つ次男に教えられたこと

全日本柔道チームの改革を推し進めて四年、間もなくアトランタオリンピックの開幕を迎えようというころ、まったく別の悩みに煩わされた。

私は全日本柔道チーム監督であると同時に、東海大学柔道部の監督でもあった。国内大会では、全日本チームの教え子と東海大学柔道部の教え子が戦うケースが頻繁に起こっていた。

繰り返すが、監督にとって選手は子どものようなものである。自分の子ども同士が戦う状況で、どちらにどのような指導を与えればいいのか悩んだ。

このころは、家庭にも悩みを抱えていた。

私には自閉的傾向がある次男がいる。次男の世話に追いまくられた妻が憔悴しきっていた。妻はいろいろなことを相談したかったと思う。悩みも聞いてほしかったと思う。次男を連れて、いろいろな所に一緒に行ってほしかったと思う。しかし、妻の願いに応えることはできなかった。

全日本柔道チームと東海大学柔道部の監督を兼任し、一年の三分の一は海外に出ていた。大学教授として、多数の仕事をこなしていかなければならない立場にも置かれていた。仕事に忙殺されるなかで、妻に対して「これだけの仕事を抱えている俺にどうしろと言うんだ」というのが本音だった。

しかし、そうは言っても、家庭の問題を妻に任せきりにしていることに罪悪感を抱いていた。人間としてのあり方にも苛《さいな》まれ、肉体的、精神的に疲れ果ててしまい余裕を失っていた。

悩みは深まる一方で、ついに一九九六年のアトランタオリンピックを最後に全日本柔道チームの監督を辞任しようと決意する。私たち夫婦にはプライベートな問題を含めて様々な相談をお願いしている方がいるが、その方に自分の決意を告げた。いつもはとても温和な方が、厳しい口調で言った。

「きみはわがままだ！　自分のことしか考えていない！」

わがままと言われて憤慨し、言葉の意味を尋ねた。彼が続けた。

「私が想像するところでは、あなたはまだ次の指導者を育てていないですね。いまあなたが辞めたら、残された全日本チームはどうなりますか？　あなたは、自分が辞めたあとのことをどう考えているんですか?」

彼の言葉に反論した。アトランタで惨敗したらどう責任を取ればいいのか。

「監督を解任されたら辞めざるを得ないでしょう。そうでなければ、あなたは針のむしろに座るべきです。非難に耐えて次の指導者を育てなさい。それこそが、責任ある者が取るべき行動です」

返す言葉がなかった。

彼の言葉を胸にアトランタオリンピックを戦った。結果は金メダル二個、銀メダル二個。惨敗だけは免れたが、決して満足できる結果ではなかった。

大会後、全柔連からは続投を求められた。妻に相談すると、辛く厳しい日常を送っているにもかかわらず「あと四年間頑張ってみたら」と言ってくれた。妻の言葉に力を得て、二〇〇〇年のシドニーオリンピックまでという条件で受諾した。

一方で、東海大学柔道部の監督は辞任した。いろいろ考えたが、最終的に二つのチームの監督は兼務できないと判断した。

それからの四年間は、後進の育成という視点を念頭に置いて活動した。各階級のコーチには「自分が監督だと思って自由にやってください」と大幅に権限を委譲した。もちろん、最後の責任を取るのは監督である私だ。

この形に改めることによって、コーチからは様々な意見が出た。意見が異なった場合でも、こちらの考えを押しつけることだけはしなかった。建設的な議論を十分に交わしたことで、コーチ陣との信頼関係は以前より強固なものになった。

シドニーオリンピックを目指すなかで、監督として最も重視したのは結果だ。

結果を出すことは、全日本チームのあり方の基本である。常に勝負を強烈に意識するという点において、現役時代から私の考え方は変わっていない。その一方で、別の新たな考えも頭に浮かぶようになっていた。

「勝ち負けだけが大事なことではない。ほかにも大切なものがあるのではないか」

考え方が変わったのは、自閉的傾向がある次男の存在によって、私自身が変わったことが大きな原因だと思う。

考えてみると、私は勝負の世界で常に勝利の人生を歩んできた。

その裏には、誰よりも努力を重ねてきたという自負がある。だからこそ、努力をすれば必ず結果に結びつくという考え方を譲ることができなかった。勝てない人や結果の出せない人は、その人のやり方が悪いと断定してしまった。

「真剣に、命を懸けるつもりでやっているのか？」

「頭を使って工夫しているのか？」

「明確な課題や目標を持っているのか？」

結局、おまえが悪いんだろう？　おまえの努力が足りないんだろう？　そうした「強者の目」でものを見ていたことは否定できない。

その結果、自分に負け、妥協し、一時的にでも目標から逃げる素振りを見せる選手に強い嫌悪感を持った。そして、嫌だと思った感覚を、選手たちにはストレートにぶつけていた。

結果的に非常に厳しい叱責となる。教え子のなかには、本当に怖い監督だったと振り返る者が多い。まだ現役を引退してそれほど時間が経っていないこともあり、われながら迫力はあったと思う。努力をしているのに結果を出せない選手にとって、叱責されるのは辛かったことだろう。

東海大学の監督を辞任したことで、ほんの少し余裕が生まれた。それからはほんの少しだが、次男や妻のことを見ることができるようになった。

知的なハンディキャップを背負った次男は、伝えたいことがストレートに伝わらないもどかしさを抱えている。一方で、次男を一生懸命支えている妻も、意思の疎通がうまくいかない困難を抱えて苦しんでいる。妻の一〇分の一ほどにも満たないかもしれないが、次男を育てること、チャリティー活動やボランティア活動に参加するなかで、妻がいかに苦しんでいるかということがわかるようになった。二人を見ているうちに、目に映るものがそれまでとは違って見えるようになった。

強者の目ではなく、ハンディキャップを背負った人たちの立場でものを考えることが大切だということに気づいた。世界にはいろいろな考えを持った人がいて、それぞれの考え方やそれぞれの人生があることを理解しなければならないと悟った。そして、「弱者」と呼ばれる人に対しては、より親身になって接することが何よりも大切なことによようやく気づいた。

自分の感情をストレートに表現したからといって、相手に伝わるとは限らない。強い言葉で言われたことが、相手の身につくとも限らない。大切なのは自分が何を言ったかではなく、相手が何をどのように受け止め、何を感じたかということだ。

同じことを言っても、相手によって受け止め方が違う。場合によっては、言い方を変えなければならないこともある。こうしたことに気づいたうえで、改めて自分の業績を振り返ってみた。

結果を出し続けることができたのは、自分の努力のためだけではない。二人の恩師の厳しくも温かい指導や、祖父や両親の支え、そのほかにも多くの仲間や先輩や後輩たちがいたからこそできたことなのだ。

もちろん、妥協したり逃げたりする人を放置することはできない。しかし、いまなら違う視点で指導することができる。

「どうしたらこの人が落ち着いて現状を認識できるだろうか」

「逃げ出したくなるような状況のなかで、どうしたらその難題に立ち向かっていく人間になれるだろうか」

もし次男が健常者として生を受けていたら、本人には別の素晴らしい人生があったに違いない。しかし、いまそれを望んでも仕方がない。ただ、もし妻と次男の存在がなければ、私は本当に嫌な人間になっていたかもしれない。

第四章
柔道を背負う

世界中で柔道を教えてきた
（イランでの柔道指導）

創始者・嘉納治五郎が目指したもの

指導者としての人生を終え、次のステージに進むに当たって胸に決めた指針が三つある。柔道の復興、国際交流、そして教育である。これが今の私の原点となる。まず柔道の復興についてお話ししようと思うが、その前に柔道の創始者嘉納治五郎師範と、師範が提唱した考えをご紹介したい。

一八六〇（万延元）年一二月、嘉納治五郎師範は摂津国御影村（現・兵庫県神戸市東灘区）に生まれた。嘉納師範は、廻船業を営んでいた父次朗作が明治政府に招聘されて上京するとき、一緒に東京に移ってきた。育英義塾、官立英語学校、官立開成学校と進み、その後東京帝国大学に入学する。

体が小さく虚弱体質だった嘉納師範は、一八歳で柔術に出会って変わる。

柔術とは、素手による攻防を中心とした武術である。最盛期の江戸時代末期には、数百の流派が林立していたという。嘉納師範は柔術を始めた年齢も遅かったが、持って生まれた才能と不断の努力を重ねた結果、高い技術を習得した。

一八八二年に東京帝国大学文学部を修了した嘉納師範は、学習院の教師となる。そこで得た給料をつぎ込み、東京下谷の永昌寺を拠点に独自の流派を築いた。これが発展したのが、現在の講道館である。約一三〇年前に起こった一連の出来事が、いまの柔道の始まりとされている。

嘉納師範が創始した柔道には、主に三つの目的が掲げられている。勝負法、体育法、修心法である。

勝負法とは「実際の試合で勝つこと、悪漢から身を守る護身術」である。

体育法とは「運動能力を高め、健全な肉体を作ること」である。

修心法とは「社会に適合し、社会にとって有益な人物になるための方法」である。

つまり柔道を通して心身を磨き高め、それによって世に補益する人材を輩出するというのが真の目的である。嘉納師範が柔道で目指したのは、心身両面を鍛え上げる教育体系と言ってよいのではないだろうか。

晩年、嘉納師範は「精力善用」と「自他共栄」の精神を強く説いた。

「柔道で大事なのは精力善用である。自分のエネルギーを、よきことに使いなさい。そして、自他共栄である。自分だけでなく他人も共に栄える世の中を、柔道を通じて作っていこう」

文部省参事官、高等師範学校（現・筑波大学）校長、大日本体育協会（現・日本体育

協会）会長、国際オリンピック委員会（ＩＯＣ）委員など、嘉納師範の歴任した公職は数知れない。なかでも、中国との関わりは特筆すべきであろう。

一八九六年、当時の外務大臣兼文部大臣の西園寺公望《きんもち》は、清国からの留学生受け入れを嘉納師範に依頼した。この依頼を快く受け入れた嘉納師範は、留学生に日本語教育を施した。

嘉納師範は、のちに宏文（弘文）学院を設立して留学生教育の充実を図る。同学院が閉鎖される一九〇九年までに、嘉納師範は約七千人の中国人留学生に勉学の機会を与えたことになる。このことは、一般にはあまり知られていない。

嘉納師範といえば「柔道の創始者」というイメージが強い。しかし、私はこうした教育者としての業績を忘れてはならないと考えている。

「伝統とは形を継承することを言わず。伝統とは、その魂を、その精神を継承することを言う」

私の好きな言葉である。

アトランタオリンピックからシドニーオリンピックまで八年間務めた全日本柔道チームの監督時代、嘉納師範の提唱した精神に則り、「最強の選手」ではなく「最高の選手」

を育成しようと心掛けた。

例えば、金メダルを取った翌日、心身ともに疲労し切っているにもかかわらず、これから試合に臨む選手の付き人を自ら買って出た野村忠宏選手。結果的にその選手は試合に敗れてしまったが、彼の柔道着を慈しむようにたたんでいた野村選手の姿が頭に焼きついて離れない。

また、全日本柔道チームの合宿中のまだ誰も起き出していない早朝、瀧本誠選手は、乱雑に脱ぎ散らかされたトイレのスリッパを丁寧に揃えていた。その場面をたまたま見かけた私があとで礼を言うと、照れくさそうな顔を浮かべてぶっきらぼうに立ち去っていったが、その後ろ姿が忘れられない。

世紀の大誤審とも言われた信じがたい事態に翻弄された篠原信一選手。金メダルを逃したことに対してひと言の弁解すら口にすることなく、潔く敗戦を認めた。この姿に柔道の真髄を体得した者の神々《こうごう》しささえ感じた。

こうした立派な柔道家が育ってくれた一方で、当時の日本柔道界全体のマナーやモラルは末期的様相を呈していた。

日本柔道界はきれいな技、きれいな型にこだわりすぎていた。それと同時に、柔道発祥の宗主国として、勝利だけにこだわっていたように見える。日本柔道界は、嘉納師範が創始した柔道の真の目的を見失っていた。

日本武道館の職員は、剣道や空手など他の武道に会場を貸し出したときに比べて、柔道の使い方は圧倒的に悪いと嘆いていた。警察内部で行われる柔道大会では、柔道選手たちの振る舞いは非常にだらしないと見られ、応援の声にも品がないと警察関係者から聞いた。警察上層部では、柔道不要論まで持ち上がったという。当時の警察庁長官と食事をする機会に恵まれたとき、柔道の必要性を熱く訴えなければならなかった。

柔道人は、嘉納師範が創始した柔道を本当の意味で継承しているのか。技だけにこだわって、勝負だけにこだわって、最も基本となる精神の部分を忘れてしまったのではないか。強く危機感を募らせた。

そこへ、さらに追い打ちをかけるような事態が起こる。二〇〇一年夏、熊本県山鹿市で行われたインターハイでの出来事である。

熊本での開催ということもあり、柔道競技の実行委員長はたまたま故郷の先輩が務めていた。心から信頼し、尊敬できる人だった。大会二日目に視察に訪れると、その先輩がやって来た。目に涙を浮かべ、声を震わせながら訴えかけてくる。

「なあ泰裕、柔道は人づくりのスポーツなのか？　本当に人づくりをしていると言えるのか？」

先輩のただならぬ表情に、思わず尋ねた。

「何があったんですか？」

先輩によると、インターハイの会場を訪れる柔道関係者は選手、コーチ、監督、役員から応援の観客に至るまで、すべての人が平然とした顔でルールを破るという。試合会場や控室の汚れ方もひどかったそうだ。柔道競技の数日前に同じ会場を使用したハンドボールでは、そのような状態にはならなかったという。

インターハイの場合、大会運営に関わるのは柔道関係者だけとは限らない。様々な形での地元ボランティアの協力で成り立っている。その人たちにさえ、たった一日だけで不評を買った。

「柔道は何という団体なんだ。二度と来てほしくない」

危機意識を強めた私は、調査を進めるよう指示した。すると、前の年にインターハイが開催された岐阜県でも柔道界への悪評が立っていた。柔道界全体がこうした事実を知るべきだと考え、先輩にお願いして文書にしてもらった。個人的にも、全日本柔道連盟の幹部の方々に訴え続けた。

「日本の柔道界は、こんなありさまでいいのでしょうか。この現状は、柔道の創始者嘉納治五郎師範が目指したものとは違うのではないでしょうか」

少し時間はさかのぼる。

現役引退会見から三カ月ほど過ぎた一九八五年九月一五日、新しい人生をスタートするに当たって千葉県にある嘉納治五郎師範の墓前で手を合わせた。

柔道に打ち込んだことで貴重な経験ができたことに対する感謝の気持ち。現役引退という区切りを迎え、今後は嘉納師範が目指したことを受け継いで一層努力するということを誓った。

柔道王国日本の復活、日本および世界の柔道界の発展、柔道の真髄の普及と浸透に力を尽くすことが、それからの目標になった。

「人づくり」という原点に

そもそも、柔道界はなぜこれほど乱れてしまったのだろうか。

柔道が東京オリンピックで正式種目に採用されて以来、日本柔道はオリンピックで国民を満足させられなかった。その理由は、世界中に柔道が普及したことだ。国際的なスポーツとして柔道が盛んになればなるほど、日本人が勝つのは難しくなる。当然とも言える結果だが、国民の期待はさらに高まるばかりだった。期待が過度の重圧となり、選手も指導者も金メダルを取ることしか頭になくなる。日本柔道では、勝負に関係ないことが軽視されるようになってしまった。

結果は大事である。私も勝負にこだわってきた人間だからよくわかる。

だが、ずっと先になって出る結果もあることを忘れてはならない。柔道人に魅力がなければ、優れた人材は集まらない。目先の金メダルばかりに拘泥していると、一〇年後の金メダルを手にすることが危うくなることに気づかなければならない。

柔道人のマナー改善を訴え続けても、すぐに柔道界全体の問題として取り上げてもらえたわけではない。状況にさほど変化は見られなかった。そこへ強い追い風が吹く。二〇〇一年になって間もないころのことだ。

正月に行われた講道館の鏡開き式で、嘉納行光館長（現・名誉館長）が口にした言葉をいまでも鮮明に覚えている。

「二一世紀、われわれ日本柔道界が目指していくのは、柔道を通した人づくり、人間教育である」

嘉納館長の言葉を受けて、中村良三先生（元国際柔道連盟教育コーチング理事）がある プロジェクトの立ち上げを提唱した。それが「柔道ルネッサンス」である。

柔道ルネッサンスとは何か。設立趣意書にはこう書かれている。

「（嘉納治五郎）師範は競技としての柔道を積極的に奨励する一方、人間の道としての理想を掲げ、修行を通してその理想の実現を図れ、と生涯を懸けて説かれました。講道館・全日本柔道連盟は、競技としての柔道の発展に努力を傾けることは勿論、ここに改めて師範の理想に思いを致し、ややもすると勝ち負けのみに拘泥しがちな昨今の柔道の在り方を憂慮し、師範の理想とした人間教育を目指して、合同プロジェクト『柔道ルネッサンス』を立ち上げます。その主目的は、組織的な人づくり・ボランティア活動の実施であり、本活動を通して、柔道のより総合的普及発展を図ろうとするものです」

正しく挨拶ができるようにすること、逆境に負けない強い心を育むこと、相手を思いやる優しさを備えること。柔道ルネッサンスとは、柔道が持つ本来の精神をしっかり伝えていけるような環境を作る活動である。

子どもたちや母親からすれば、おそらく野球やサッカーのほうが格好良く見えるだろう。しかし、柔道をやっている人はどこか違うと感じてもらえれば、わが子にもそうなってほしいと願う母親も増えていくのではないか。世の中の母親がわが子に柔道をさせたいと思ってくれるような柔道界になり、それによって子どもたちが柔道を始めてくれればこの上なく幸せなことだと思う。

二〇〇一年春、柔道ルネッサンスに四つの委員会が設置された。「人づくり・キャンペーン」「教育・普及」「ボランティア活動」「障害者支援」である。人づくり・キャンペーン委員会のトップに私が指名された。ほかの委員会のトップには佐藤宣践先生、中村良三先生、そして上村春樹さんが就いた。

委員長に就任して最初に考えたことは、どのような人材を委員会のメンバーに引き入れるかという点だった。優秀で熱意ある人材は限られている。各委員会の取り合いになると考え、委員会が立ち上がって一週間もしないうちから、これぞと思った人材をすべて自分で口説いて回った。

「ぜひ一緒にやりたい。仲間になってくれんか?」

信頼する仲間を得て、さっそく行動を開始した。結果的に、人づくり・キャンペーン委員会の活動だけが突出することになった。それは、優秀な人材を確保し、柔道ルネッサンスの理念を理解してもらい、熱意をもって活動することができたからだ。

当然のことながら、活動はすべてボランティアである。一円もお金をもらっていないのになぜそこまで熱くなれるのだろうか。それは、自分が大切に思っている柔道と、柔道に関わっているすべての人が良くなってほしいという強い思いがあるからだ。さらに言えば、そうした活動に携われることに幸福感を感じるからだと思う。

三年後の二〇〇四年、四つの委員会が統合されることになった。その方が、活動の推進力が加速すると考えられたからだ。全体の実行委員長に指名され、人づくり・キャンペーン委員会のメンバーが中心になって動くことになった。

その直後のことだった。二〇〇四年一〇月二三日、新潟県中越地方を震源とするマグニチュード六・八（最大震度七）を記録した新潟中越地震が起こった。死者六八人、負傷者四千人を超える大惨事となった。

深刻な事態を受けて、ルネッサンスメンバーから柔道界で何かできないかという提案が持ち上がった。こういう提案が仲間から出てくることが嬉しかった。

柔道ルネッサンスでは、翌年一月の嘉納治五郎杯で募金活動を展開した。アテネオリンピックで金メダルを獲得した野村忠宏選手や鈴木桂治選手、阿武教子《あんののりこ》さんなどが募金箱を手に観客に呼び掛けてくれた。柔道ルネッサンスの活動として何かに取り組もうとなったときに、役員や指導者だけでなく、現役の選手たちが積極的に動いてくれるのも嬉しかった。

井上康生君の優しき心

柔道ルネッサンスに関連して、強く印象に残っている事例をお話ししたい。井上康生君のことである。

柔道選手としての井上君の実績は、皆さんもご存じの通りである。特に、シドニーオリンピック一〇〇キロ以下級の表彰式で、亡くなったお母さんの遺影を胸に金メダルを受け取る姿は、多くの人の記憶に残っていると思う。

アテネオリンピックでの連覇を目指し、井上君は厳しい練習に明け暮れる毎日を送っていた。間もなくオリンピック本番を迎えるという二〇〇四年のある日、井上君は筑波大学に出稽古に向かった。

ちょうど同じ時期、パラリンピックの柔道日本代表チームも筑波大学で合宿を行っていた。選手たちと練習場で一緒になったそうである。

パラリンピック日本代表選手たちの柔道着は擦り切れ、破れていた。井上君はそれを見て、選手たちになぜ古い柔道着を着ているのか尋ねた。

「私たちには、柔道着の支援はありません。他の道具やウエアなどもすべて、自分たちで用意しています」

出稽古を終えて東海大学に戻ってくるなり、井上君が顔を見せた。

「山下先生、私たちオリンピック選手は、柔道着に限らずトレーニングウエアからバッグやシューズに至るまで、必要な物はすべて支給されています。でも、パラリンピックの日本代表選手にはそういう支援が一切ないそうです。私は、せめて柔道着だけでも新しいものを着てパラリンピックに臨んでほしいと考えています。もし可能であれば、白と青の柔道着をそれぞれプレゼントしたいのですが、これはスタンドプレーになってしまいますか？」

井上君の思いにこう答えた。

「素晴らしい。ぜひやるべきだよ。おまえがやるなら俺もやろう。俺はジャージーとシューズをプレゼントしよう」

井上くんが発想したパラリンピック選手への支援活動は、この話を聞きつけた全日本柔道連盟がすべて引き取ってくれた。アテネオリンピックはもちろんのこと、二〇〇八年の北京オリンピックでも続けられた。間もなく二〇一二年のロンドンオリンピックが開催されるが、この大会でも継続されることを切に望んでいる。

アテネオリンピックでの井上君は、準々決勝で敗れた。敗者復活戦でも敗退し、メダルを獲得できないという惨敗を喫した。しかし、翌年の嘉納治五郎杯では無差別級で優勝を果たす。復活の代償として右大胸筋に大けがを負った。

大会の翌日、病院に向かう途中の井上君から電話が入った。

「山下先生、私は昨日、優勝の副賞として高級車をいただきました。私はすでに車を持っています。二台は必要ありません」

続きを待った。

「いま、山下先生が中心になって、柔道ルネッサンスで新潟中越地震の被害者の方に向けた募金活動をやられていますね。この車を、どうか新潟の被災者の方々のために使っていただけませんか」

井上君の言葉を聞きながら、涙が止まらなくなっていた。

「アテネオリンピックで惨敗した私は、多くのファンの方の励ましと支えがあったからこそ、ここまで来ることができました。私は、それだけで十分なんです」

日本オリンピック委員会のスポーツ指導者海外研修員に選ばれた井上君は、二〇〇九年一月から二年間のイギリス留学を経験した。帰国後は、東海大学体育学部武道学科の講師に就任し、後進の指導に当たっている。井上君のような優しい心を持った若い人材が、柔道界から数多く育ってほしいと願っている。

柔道ルネッサンスの理念や取り組みを柔道関係者以外の方にお話しすると「さすが柔道だね。すごいね。立派だね」という反応が返ってくることが多い。

しかし、私はそう思っていない。柔道ルネッサンスのような運動をやらなければいけないことに問題があるのだ。こういうことは本来、上から押し付けられてやることではない。われわれ一人ひとりが柔道の心と嘉納師範の教えをよく理解し、自ら率先して行動し、子どもや若者に教えていくものではないだろうか。こうした反省の心をもってこの活動に取り組んできた。

柔道ルネッサンスの活動は、二〇一一年の春で丸一〇年が経過した。講道館、全日本柔道連盟では、一〇年を一区切りとして、特別委員会としての柔道ルネッサンス委員会を解散することになった。

もちろん、だからといって活動そのものが終わったわけではない。柔道ルネッサンスの精神、役割、メンバーを、既存の委員会や各都道府県柔道連盟といった現場に落とし込んで継続していくことになっている。すべての柔道関係者が、熱い心を持って取り組んでいくことを期待したい。

柔道界の「国際政治」の渦中に

二〇〇〇年にシドニーオリンピックが終わり、全日本柔道チームの監督を退いたあと、東海大学柔道部の監督に復帰した。柔道ルネッサンスの活動とあわせて、若い柔道家の人間教育に力を入れようと考えたからだ。

そのことも含め、恩師の佐藤宣践先生と今後の活動方針についてじっくりと意見を交わす機会があった。確か二〇〇二年九月ごろのことだったと思う。

その席で確認された方針はこうだ。

「東海大学柔道部の強化に力を注ぐ」

「柔道ルネッサンスの活動を発展させる」

「日本柔道の中長期的強化に力を貸す」

「これらの活動を全力で遂行するため、世界には出て行かない」

翌日、佐藤先生が全日本柔道連盟会長を兼務する嘉納行光講道館館長と、松下三郎全日本柔道連盟専務理事に呼び出された。用向きは、世界柔道連盟（ＩＪＦ）教育コーチング理事立候補についてだという。

当時、ＩＪＦの教育コーチング理事のポストには中村良三先生が就いていた。そして中村先生の任期は、二〇〇三年の春に切れることになっていた。中村先生の前は佐藤先生が理事を務めるなど、教育コーチング理事のポストは日本柔道界が独占してきた。なぜ日本がこのポストを独占してきたのか。そこには、単なる名誉欲ではなく正当な理由が存在した。

教育コーチング理事には、柔道発展途上国への支援、柔道の教育的価値を高め世界中に普及する仕事が課せられている。この仕事を推進するためには、柔道発祥国で柔道の精神を最もよく理解している日本、つまり全日本柔道連盟や講道館の有形無形の支援が必要不可欠となる。

柔道を世界中に普及させたいからこそ日本柔道界はこのポストにこだわり、人材も費用も負担してきたのだ。ＩＪＦ内にも、教育コーチング理事は柔道宗主国の日本が担うべきだという声が大勢を占めていて、それは現在でも変わっていない。

しかしＩＪＦは、欧州柔道連盟会長のビゼール氏（現・ＩＪＦ会長）が中心となって日本降ろしを画策していた。ビゼール氏は自ら手がける事業で得た豊富な資金力を背景に、日本を支持していたパンアメリカやアフリカ諸国を露骨に買収し、票という票を買い漁《あさ》っていた。

ビゼール氏の野望を阻止して教育コーチング理事の座を守るため、嘉納館長と松下専務理事は柔道界では世界的に知名度の高い私に白羽の矢を立てた。佐藤先生が呼び出されたのは、教育コーチング理事に再び立候補してくれという話ではなく、山下を説得してほしいという依頼だった。

佐藤先生から内々の打診を伝えられると、正直なところ笑ってしまった。前の日に海外には出ないとあれほど確認したばかりなのにこうした話が舞い込んでくる。それはともかく、即答は避けて熟考を重ねた。

翌月、こんどは直接嘉納館長に呼び出された。なかなか返事を寄越さないので駄目を押すのが目的だったのだろう。

「この不利な状況で戦えるのは山下くん以外に考えられない。もし山下くんが出てくれなければ、教育コーチング理事の座は日本以外の国に奪われてしまうだろう。このポストだけは、絶対に手放したくない」

嘉納館長の熱い言葉に困惑した。

もちろん、柔道の精神を世界に普及する役割を担うという意味で、教育コーチング理事が単なる理事ではないことは承知していた。しかも、IJF総会は二年に一度しか開催されない。教育コーチング理事とスポーツ理事、審判理事が中心となる理事会が、世界柔道界の実質的な意思決定機関となっている。この理事会に参加する理事に日本人が一人もいなくなってしまうと、国際試合のルール改正など重要なことが日本抜きで決定される事態に陥る。

教育コーチング理事の座を失うことによって日本柔道界が被《こうむ》る負の影響は、計り知れないほど大きい。国際柔道の事情を考慮すると、立候補の要請を断るという選択肢は残されていなかったというのが実情だ。

そうした事情を勘案し、立候補の決意を固めた。しかし、たった一つだが大きな問題がクリアされていなかった。

選手、コーチ、監督時代を通じて世界中を飛び回っていた私は、本来担うべき大学教員としての仕事を同僚の先生方に任せきりになっていた。シドニーオリンピックを最後に全日本柔道チームの監督の職を離れたからには、今度こそ大学の仕事に本腰を入れようと考えていた。これまで協力してくれた先生方も、山下がようやく戦力になると考えていたに違いない。立候補を打診されたのはそんなときだった。

事情を説明するため、東海大学体育学部武道学科の先生たちとの話し合いの場を設けた。いままで以上に負担をかけることになるのだから当然だ。先生方には様々な思いがあっただろうが、最終的には穴埋めをしてくれることを快諾してくれた。こうした協力があったからこそ、教育コーチング理事に立候補できた。

立候補受諾の報告をすると、嘉納館長は手放しで喜んだ。全柔連サイドから出てきた言葉も楽観的だった。

「山下が立てば誰も立候補はしないだろう。対立候補がいなければ、選挙のキャンペーンにお金をかける必要もない。山下ならば間違いない」

そんなに甘くはないと思いながらも、状況がわからないので何も行動しなかった。そこへ、海外の友人から一通のメールが届く。

「ヤマシタ、ビゼールを中心とした勢力がヨーロッパ、アフリカ、パンアメリカの連盟と協定を結んで、教育コーチング理事の座を日本から奪おうとしている」

友人は、私を心配してくれていた。

「三つの連盟が手を結んだら、票は過半数以上になってしまう。そのことをおまえは知っているのか?」

指導者としての研修のため東海大学に来ていた別の外国人にも警告された。

「ヤマシタ、おまえは本当に教育コーチング理事になるのか? たいへんな世界に足を突っ込むことになるぞ」

安閑とはしていられなかった。日本サイドも立候補を表明し、協力してもらうよう各国の柔道関係者にキャンペーン活動を始めた。なぜ日本が教育コーチング理事になる必要があるのか。それを熱く訴えた。

ビゼール氏側は、日本陣営が私を立候補させることに驚いたようだ。ビゼール氏が日本の対立候補に擁立しようとしていたイランのデラクシャン氏は、選挙で争っても勝ち目はないと要請を断ったという。

結局、対立候補がなかったので、理事選挙の投票は行われなかった。教育コーチング理事への就任はこうして決定された。

教育コーチング理事の座は守ることができたが、キャンペーンで世界中を回り、外国の友人と話すなかで思い知らされたことがある。日本柔道界への信頼が失墜しているという悲しい現実だった。

世界の柔道関係者も、日本と同じように柔道をより良いものにしようとしている。そのための新しい提案に、日本はまったく理解を示そうとしないという。柔道の伝統から少しでも逸脱する行為に対しては、検討する姿勢も見せないまま反対するのが日本という国だった。世界の柔道界に悪しき日本のイメージが形成され、世界は日本を信頼しなくなった。それだけではなく、本当に重要な情報が日本に入ってこないという信じがたい状況が作られていた。

就任演説の草稿を考えるとき、その行間にいろいろな思いを込めた。四年間は世界柔道の発展のために汗をかき、世界からの信頼を回復するよう努める。そして、再び日本が世界柔道のリーダーだと認められるよう全力を尽くすつもりだった。

二〇〇三年九月、世界選手権大阪大会に先立って開催されたＩＪＦ総会で、教育コーチング理事としての三つの公約を英語で演説した。初めて英語で演説する緊張感から膝が震えたが、伝えたかったことはしっかり示すことができた。

まずは、柔道がオリンピックスポーツとして理解され続けることだ。柔道が未来永劫オリンピックで採用される保証はない。魅力的でわかりやすいスポーツとして常に発展することを目指したいと訴えた。

次に、柔道が多くの国に普及、発展するよう尽力することである。これは柔道を多くの人が支持するスポーツにしたいという考えだ。さらに、柔道を普及させることは、間接的に日本を理解してもらうことにもつながる。柔道を、日本を含めた世界の交流の架け橋にしたいと訴えた。

最後は、柔道の教育的価値を周知させることだ。柔道は、他のスポーツ以上に教育的価値が高いスポーツだと考える。人間教育に柔道が貢献できることは多いだろうと全世界に訴えた。

型にはめず、心に訴える

教育コーチング理事に就任したばかりの世界選手権大阪大会で、何人かの日本人選手の髪の色や形が問題になった。金髪、赤毛、モヒカン。それまでの日本の柔道選手としては考えられなかった者が登場した。

日本国内でも賛否は分かれた。

スポーツ理事のフランス人・ベッソン氏からも「おいヤスヒロ、あの選手は赤いキャベツを食べすぎたのか？」と揶揄《やゆ》された。

柔道選手として最も大事なことは、目の前の試合に集中することだ。どのようにしたら自分の持っている力を最大限に発揮できるかということにエネルギーを使うべきである。率直な印象を言うと、頭を赤く染めるほどの余裕があるのかと問いたくなる。

選手が日本代表として戦うとき、試合の結果に責任を持つ必要はない。しかし、十分な準備をしたうえで、全力で戦う義務はある。

世界選手権やオリンピックに出場する選手は、日本のすべての柔道家を代表して出場しているという自覚を持つ必要がある。単に一人の柔道選手としてその場に立っているのではない。異様なヘアスタイルで出場した選手たちに、代表選手としての自覚と誇りがあるのかどうか疑問だった。日本代表として最低限の規範を守ることができない選手、日本代表としての誇りと自覚を持てない選手は、いくら実力が抜きん出ていても、代表選手になる資格はない。

大会後、柔道ルネッサンスの会議でも意見は割れた。

委員のなかには「日本代表として恥ずかしい。そういう選手には厳罰をもって対処すべきだと思う。決まりも作らなければならないだろう」と主張する人もいた。

私は型にはめられるのが嫌いだ。人を無理に型にはめることも好きではない。髪の毛の問題は容認できないが、規則まで作るのはやりすぎではないか。

そのとき、マスコミ関係の仕事をする委員が口を開いた。

「決まりを作るのはおかしいのではないでしょうか。われわれが目指しているのは形ではありません。もう一度、柔道を原点に戻そうということのはずです。そんな柔道ルネッサンスなら、私はすぐに辞めさせてもらいます」

委員会の注目が集まるなか、その委員が続ける。

「先日、あるテレビ番組で一人の茶髪の先生が、不良の子どもたちを柔道に巻き込んで一生懸命に指導する姿を取り上げていました。つまり、髪の色の話ではなく、試合や日常生活でいかに柔道の心を持つかということだと思います。われわれが追い求めていくのは、こうした心の問題のはずです」

委員会の雰囲気が一変した。そこからは型にはめるのではなく、子どもたちの心に訴えかけていこうという方向に戻った。

教育コーチング理事に就任して三カ月後の二〇〇三年一二月、福岡国際中学生柔道大会にスポーツ理事のベッソン氏と審判理事のスペイン人バルコス氏を招いた。理事会の中枢を担う三人の理事でじっくり意見を交換するのが目的だった。しばらく話していると、話題はコーチの態度になった。

「ヤスヒロ、柔道は教育的なスポーツだろ？　しかし、オリンピックや世界選手権のときのコーチのマナーの悪さは目に余ると思わないか？　審判に罵声を浴びせ、気に入らなければ椅子を蹴飛ばすコーチだっている。国際オリンピック委員会の委員も見ているし、世界中のＶＩＰだっている。これでは、柔道のイメージが悪くなるばかりか、柔道の品位も傷つけてしまうのではないか？」

二人の理事から提案を持ちかけられた。

「ヤスヒロ、これからはそういうコーチに対しては厳しく指導し、場合によっては退場もさせようと思う。退場させられたコーチは、大会期間中コーチ席に座れないようにする。おまえも賛成してほしい」

彼らが問題視している事実は確かにあった。しかし、一方では審判のミスジャッジや運営面の不備など、コーチが不満を溜め込む要因があるのも事実である。

「ちょっと待ってくれ。俺がコーチたちによく話す。だから二年間時間をくれないだろうか。それでもだめだったら、ペナルティーも考えよう」

なぜ二人の提案にすぐ賛成しなかったのか。その理由は、理事就任前に交わした現場でのやり取りに端を発している。

「ヤスヒロ、おまえも現場を離れて、柔道政治のほうへ行くんだな」

コーチ仲間に揶揄された。その言葉に強く反論した。

「冗談言うなよ！　俺は心から柔道を愛しているし、心から柔道の発展を願っている男だぜ。そもそも、いまの理事のなかで本当に柔道のことを知っている人間がどれだけいると思っているんだ？　現場のことを一番知っているのは俺だ。選手の気持ちもコーチの気持ちも知っているのも俺だけだ。だからこそ、現場の声を反映するために理事になるんじゃないか！」

大見栄を切っていたにもかかわらず、現場の意見を聞きもしないでほかの理事の意見に安易に賛同すれば、現場のコーチたちの信頼を失うのは明白だった。特に問題視されていた国のコーチとは、個別に話し合う場を設けた。

「柔道は教育的価値が高いスポーツと言われるがどう思う？」

「それはそうだ」

「オリンピックや世界選手権に出てくる選手は、世界最高レベルの選手だよな？」

「当たり前だ」

「それなら、彼らを指導するコーチも世界最高レベルではないのか？」

「もちろんだ。おまえはいったい何が言いたいんだ？」

「世界最高の舞台で、世界最高のコーチであるきみたちが、コーチ席でひどい態度をとっていたら、柔道は教育的価値の高いスポーツだと言えるか？　そこを考えてほしいんだ。俺だって選手時代やコーチ時代に判定に不満をもったことは何度もある。それでも世界中の人が見ている試合場でコーチが激しく文句を言ったり、椅子や看板を蹴飛ばしたりしたら、柔道のイメージはどうなる？　もし、何か言いたいことがあったら俺に言って来い。全力を尽くすことは約束する」

「わかった。これからはコーチ席で不満を表すような態度はしないよ」

　以後、コーチたちの態度は見違えるように変わった。言葉を尽くして話し合えば、理解が得られることはわかっていた。

外国人に、人生初の敗北

世界中の仲間や友人とともに世界の柔道界の発展のために力を尽くしていたころ、ビゼール氏と当時のIJF会長朴容晟《パクヨンソン》氏との間に政争が起こった。私は、教育コーチング理事として、現職の朴会長を支持することを表明した。

ビゼール氏の柔道に対する情熱は認めている。しかし、圧倒的な資金力に頼った決して民主的とは言えない手法、自分の方針に反対する者を徹底的に排除するやり方に違和感を覚えていた。朴会長を支持したことが、結果的に逆風となった。

二〇〇五年の会長選挙では、一〇〇対八五の僅差でかろうじて朴会長が再選を果たした。ビゼール氏は、結果を不服として国際スポーツ裁判所に提訴し（結果はビゼール氏の敗訴）、対決姿勢を強めていた。

勢力争いの余波を受け、教育コーチング理事の仕事にも支障が出ていた。最後の一年間は、反対派が掘った穴をよけたり、反対派が仕掛けた地雷を踏まないように歩くのが精いっぱいで、思い描いた仕事がまったくできなかった。

四年間の任期が切れる二〇〇七年、ブラジル・リオデジャネイロで行われる教育コーチング理事の選挙に再び出馬することを決意した。対抗馬は、ビゼール氏が送り込んだアルジェリアのメリジャ氏だった。

今回も、山下が立候補すれば当選は間違いないという声もあった。しかし、四カ月前の五月に行われたアジア柔道連盟の会長選挙では佐藤先生が大差で敗れている。この選挙にはビゼール氏一派の策謀が大きく影響していた。

さらに、二〇〇七年の総会では朴会長の不信任案が可決されるだろうという見通しが囁かれた。情勢を素早く察知した朴会長は、総会前に突如辞任を表明した。後任選びは無風に終わり、理事会の多数派を形成していたビゼール氏が会長代行に就任した。勢いづいたビゼール氏は、世界選手権の毎年開催、ランキング制の導入などの重要事項を総会や理事会に諮《はか》ることなく独断で決定した。

立候補表明後、ビゼール氏側に立つ旧知の友人から提案を受けた。

「ヤスヒロ、おまえを世界の柔道の舞台から失うのは非常に大きな損失だ。おまえのこれまでの活動は十分理解している。おまえが教育コーチング理事にふさわしい人物だと思っている。しかし、これは政治なんだ。いまの状況では、いくらおまえでも勝ち目はないぞ。候補者云々で決まる話ではないからだ。もしビゼールを支持するのであればすぐにでも対抗馬を降ろす。よく考えてくれ」

言うまでもなく、友人の提案は断った。もしビゼール氏に取り込まれてしまえば、IJFの民主的な運営はできなくなる。もし途中で寝返ったら、ともに歩んできた仲間の命運はその時点で尽きる。それ以上に、保身のために信念を曲げるつもりはない。これは生き方の問題だった。

理事選挙のキャンペーンにはお金をかけなかった。これまでの業績や理念をまとめたパンフレットを作り、メッセージを添えて嘉納行光全日本柔道連盟会長名でIJF加盟国に送っただけだ。

キャンペーンにお金をかけていないことを利用して、ビゼール氏サイドは「全柔連はヤマシタを支援していないらしい」というデマを流した。心配して連絡をくれた海外の友人にはこう言った。

「俺は世界の柔道の発展のためなら、全日本柔道連盟や講道館の協力を仰いで資金を集めて何でもやるだろう。しかし、集めたお金で投票する人のポケットを潤すようなことはしないよ」

選挙は六一対一二三で大敗した。

負ける可能性もあるとは思っていたが、これほどの大差がつくとは想像していなかった。とはいえ、四年間やってきたことへの充実感はあったので落胆はなかった。むしろ自分の一つの役割が終わったという感慨が浮かんできた。ただ、たった一つだけ残念なことがあった。

柔道選手としての私の誇りは、オリンピックの金メダルでも、二〇三連勝でも、全日本柔道選手権九連覇でもない。外国人選手に一度も負けたことがない、国際大会で一度も負けたことがないという点にあった。畳の上ではなかったが、この選挙で初めて外国人に敗北を喫した。それも完敗だった。

選挙会場を出ると、すぐに記者会見を開いた。事態の経過を淡々と話していたが、とにかく暑い場所だった。タオルで汗を拭こうとしたら、カメラのフラッシュが一斉に光を放った。驚きつつも強く宣言した。

「いいですか、いまの写真で『涙を拭う山下』なんて嘘の記事を書いたら、そこの会社とは一生付き合いませんからね」

私が落選したことによって、国際柔道連盟理事会から日本人がいなくなるという事態を招いた。責任を痛感していたところ、総会の翌日にビゼール会長が新たなポストを設置することを発表した。議決権を持たない指名理事。そのポストには、全日本柔道連盟専務理事の上村春樹さんが選出された。

新しく教育コーチング理事になったメリジャ氏が、教育コーチング理事の仕事を維持発展させていくのは困難だろうと思った。しかし、これまでの活動がなかったことにされてはたいへん困る。引き継ぎに際しては、秘書の光本恵子さんを通じてメリジャ氏にメッセージを送った。

「私が持っているノウハウや情報などはすべて教えます。必要であれば遠慮なく言ってください」

メリジャ氏は、涙を流して喜んだそうだ。行きがかり上、対立候補として舞台に上がることになってしまったが、心のどこかには「ヤマシタ、済まない」という思いがあったと信じたい。

第五章

教育を背負う

松沢成文知事（右）からの要請で神奈川県体育協会会長に就任

神奈川県体育協会会長に就任する

ＮＰＯ法人柔道教育ソリダリティーの設立に奔走していたころだから、二〇〇五年のことだったと記憶している。当時の神奈川県知事、松沢成文《しげふみ》さんの秘書の方から電話が入った。

「松沢知事から、山下さんにお願いがあります」

秘書の方は、松沢知事自ら平塚市のはずれにある東海大学まで出向くという。県を代表する知事が、一介の大学教員を訪ねるというのはただごとではない。用件によってはお会いしないほうがいいこともある。

知事は忙しい。横浜市中心部にある神奈川県庁と東海大学を車で往復すると、優に二時間以上はかかってしまう。面会するからには、前向きに進む可能性がある話題でなければ、知事の大切な時間を浪費するだけになる。場合によっては、お会いする前に十分な準備をしなければならないこともある。

秘書の方は、それでも用件は明かせないと言うので面会を断った。決して傲慢な考え方だと思っていない。知事の立場に立った対処をしたと思っている。

すると、すぐに電話が鳴った。こんどは松沢知事から直接の電話だった。訪問の趣旨を尋ねると、神奈川県体育協会（県体協）会長就任の要請だという。

それまでの慣例では、県体協の会長は知事が兼務することになっていた。松沢知事も二〇〇三年四月に知事に当選すると、半ば自動的に県体協の会長に就任した。二年超務めたのち民間人に会長職を任せることを決断。私に白羽の矢が立ったというわけだ。

あとで聞いた話によると、知事の周辺は私への依頼を思いとどまるよう進言していたようである。

「知事、ただでさえ多忙を極める山下さんが、県体協の会長を引き受けるはずはありません。わざわざ東海大学まで足を運んでも、時間を無駄にするだけです」

側近の忠告に対し、知事はきっぱりと言ったそうだ。

「たとえ引き受けてもらえなかったとしても、私は自分の思いを直接山下さんに伝えたいのです」

この言葉に象徴されるように、実際にお会いした松沢知事の人柄も実直そのものだった。知事の熱意あふれる話に感じ入ったが、その場で即答はせず、考える時間をいただくことにした。

会長就任については、恩師の佐藤宣践先生にも相談した。

「やめておけ」

当時は東海大学教授としての仕事だけでなく、国際柔道連盟の教育コーチング理事として一年の約三分の一は海外出張に出ていた。ほかにも抱えていた仕事は数知れない。

「おまえにしろ、秘書の光本さんにしろ、もう手いっぱいじゃないか。知事だから名前を貸すだけで済んだかもしれないが、おまえが引き受けたらそうはいかない。体を壊すことになるぞ。おまえだけじゃない。光本さんだって潰れてしまうぞ」

佐藤先生の言葉通り、実際に仕事をしないで名前だけを貸す「名誉職」なるものには抵抗を感じる。何か役職を引き受けるからには、仕事にも全力で取り組まなければ気が済まない。様々な事情でそれができないと判断したら、その仕事はお引き受けしない。

佐藤先生の心優しい忠告はありがたかった。高校二年生から私を見続けてきた佐藤先生は、私の性分を熟知しているからこそ反対したのだと思う。しかし、心の中ではすでに引き受けるつもりになっていた。

決め手となったのは松沢知事の実直な人柄であるが、もう一つは、柔道ルネッサンスとの関わりだった。柔道ルネッサンスが取り組んでいたのは、スポーツを通した人間教育である。講道館と全日本柔道連盟が推進するこの考え方を、ほかの競技団体と連携して全国に広げることを模索していた。県体協の会長を引き受ければ、県体協に加盟する多くの競技団体や体育協会、スポーツ少年団に思いを伝えることができる。連携を展開することができれば、神奈川から他県への広がりをも作れるのではないかと考えた。

松沢知事は、ある会合で同席した松前達郎東海大学総長にも援護射撃を頼んでいたようだ。松前達郎総長は松前重義先生の長男で、東海大学のトップとして松前重義先生の意思を継承している。松前総長から研究室に連絡が入った。

「松沢知事から話は聞いた。東海大学は神奈川県にメーンキャンパスを置くなどたいへんお世話になっている。少しでも神奈川県に恩返しをするため、会長を引き受けてもらえるとありがたい。忙しいと思うが、われわれも可能な限り協力をしたいと思う」

引き受ける意思は固めていた。ただ、引き受けるからには就任したあとの活動指針を明確にしておきたいと考えていた。その指針を作成するのに時間がかかっていたために松沢知事への返事が遅れた。

二〇〇五年の暮れ、松前総長から再び電話がかかってきた。なかなか返事が来ないので、松沢知事が総長にプッシュしてきたのだ。

「山下くん、きみはまだ返事をしていないそうじゃないか。佐藤くんはまだ反対しているのかね？」

返事が遅れている理由を総長に説明し理解を得ると、松沢知事に連絡してもう一度面会したいと申し出た。活動指針を練り上げるうえで、どうしても松沢知事に確認しておきたいことがあったからだ。こんどは、こちらから県庁に出向くつもりだった。

「ぜひお会いしたいと思いますが、私が東海大学にうかがいます」

松沢知事はそう言うが、知事に二度も来てもらうわけにはいかない。

「いえ、知事はお忙しいでしょうから、私がおうかがいします」

「来ていただいては困るのです」

「どうしてですか？」

知事は私の疑問にこう答えた。

「山下さんが私のところにお見えになったら、いらぬ憶測を呼んでしまいます。こうした人事が表に出ると、いろいろな人がいろいろな動きをするので、できるだけ内密に進めていきたいのです」

結局、もう一度知事に足を運んでもらい、考えをぶつけた。

県体協は、神奈川県の補助金で成り立っている。一方、県の財政が厳しいことも理解しているつもりだ。そのうえで心配するのは、知事が会長を退くことで助成金や補助金が削減されることだった。私が会長に就任することで、神奈川県のスポーツ界に迷惑をかける事態だけは避けたかった。

問いに対し、松沢知事は自信を見せた。

「知事が会長だったため、かえって県体協を応援することができませんでした。山下さんが会長を引き受けてくだされば、会長を外れた私はかえって支援がしやすくなると思います。少なくとも、後ろ向きになることだけは絶対にありません」

時間をかけて練り上げた県体協の活動指針に、現会長の知事がどのように反応するかも知りたかった。考えの四本柱を知事に提示した。

一　神奈川から世界に羽ばたく選手を育てたい（当時ワールドベースボールクラシックで大活躍した松坂大輔投手のイメージがあった）。

二　スポーツを通して青少年の健全育成を図りたい（社会問題化していたいじめの問題が念頭にあった）。

三　スポーツ・フォー・オール（スポーツは若者だけの特権ではない。障害者や高齢者にもスポーツの楽しみを知ってもらいたかった）。

四　環境の問題（海や山に囲まれた神奈川県の美しさを次世代に受け継ぐため、この問題は避けて通れないと考えた。環境が悪化したなかで、のびのびとスポーツなどできないと考えた）。

松沢知事には賛同を得た。それを踏まえて、二〇〇六年四月から神奈川県体育協会会長に就任することを正式に了承した。

理事と評議委員の方々は、私の就任を温かく迎えてくれた。すぐに理事会と評議委員会を招集し、四つの方針を諮《はか》った。ここでも共感と賛同を得ることができ、県体協で仕事をしていく基盤が確立された。

いじめ防止活動

県体協会長就任後、理事会の回数を倍増させた。委員会活動の活性化を図るなど、運営面の改革にも着手した。その過程で手を打ったのが、議論の活性化である。理事会や評議委員会の回数を増やしても、議論が百出しなければ意味はない。

対策として、ときどき二、三人の「突破者」を使った。いわゆる「サクラ」とは意味合いが違う。会長に対するごますりは禁止というルールだけは厳格に定めている。反対でも賛成でも感想でも構わない。何を発言するかは本人に任せ、提案されたことに対して会議の場で意見を言ってもらう。最大の目的は、実りある議論の突破口を作ってもらうことだった。

不思議と、二、三人が意見を言い始めると議論は活発になる。活発な議論を経て決定された提案は、会議に出席した全員で考えて決めた施策という意識になる。当初提案した意見は、少しでも構わないので修正したほうがいい。原案通りになると、自分たちで決めたという感覚にはなりにくい。

一般的に、提案者は修正を嫌うものだ。一生懸命考えてきた案にケチをつけられたと思ってしまうからだ。しかし、それは違う。修正することで、現場の意見が反映された合意になる。提案を承認しただけでは弱い。

県体協の活動で、最初に力を入れたのは「いじめ防止」の活動である。

いじめの問題は、社会問題と言われて久しい。大勢で一人をいじめる、強い者が弱い者をいじめる。これはかつて日本人が最も嫌った卑怯な振る舞いである。残念なことにこの振る舞いは増加する一方で、減少する兆しは見えてこない。

二〇〇七年五月に「もう一つの社会貢献『いじめ防止』緊急集会」という集会を開いた。県体協に加盟する競技団体と教育団体の代表に参加してもらい、いじめの問題を解決するためにスポーツ界ができることについて議論を交わした。

スポーツで最も大事なことは、フェアプレーの精神だと思う。確かに、様々な場面でフェアプレーの大切さは訴えられている。だが、ともするとスポーツの場面でのフェアプレーしか考えてこなかったのではないだろうか。スポーツマンはいじめに加担しない。万が一いじめの場面に遭遇したら「おい、やめようよ」と声をかける。グラウンドや体育館や道場だけでなく、日常生活でもフェアプレーの精神を発揮する。そうすれば、いじめの問題は解消する方向に向かっていくのではないだろうか。

緊急集会のあと、参加者からポスターを作ろうというアイデアが持ち上がった。全会の賛同を得て、作成に向けて動き出した。

ポスターのモデルに誰を起用するかで議論が分かれた。特にポスターを見てもらいたいのは子どもたちである。人気があり、親しみの持てる現役アスリートにお願いすべきだと主張した。しかし、理事や評議員たちの意見は違った。最初のポスターなのだから、言い出しっぺがやるのが筋だという。山下会長でいこうという意見が大勢を占めるなか、反対者は一人だけになってしまった。多数決。やはり従わざるを得ない。

ポスターが刷り上がってすぐ、頭に次の候補者が浮かんだ。横浜高校出身のメジャーリーガー、ボストン・レッドソックスの松坂大輔投手である。

当時の神奈川県議会議長とともに、横浜高校の渡辺元智《もとのり》監督を訪ねた。県体協の取り組みの趣旨を話すと、渡辺監督はこう言った。

「あとは私に任せてください」

正直、決まったと思った。しかし、松坂選手にはメジャーリーガー、プロアスリートとしての様々な契約事項があった。たとえお世話になった恩師の頼みとはいえ、軽々に引き受けられない事情があった。ポスター起用の話は頓挫した。

そこで、いずれお願いしようと考えていたサッカーの中村俊輔選手にターゲットを変更した。中村選手は川崎・桐光学園高校、横浜F・マリノスに所属するなど、神奈川県とのゆかりが深い。幸いなことに、横浜F・マリノス、日本代表を通じて中村選手と親交のある岡田武史さんは一〇年来の友人だ。私がどのような人生を生き、どのような考えの持ち主であるかということをよくわかってくれている。

「よし、わかった。俊輔には俺が話をしよう」

中村選手は、県体協の申し出をすぐに了承してくれたという。翌年のポスターには中村選手の写真が大きく載った。

一枚目のポスターの製作費用は、スポンサーを募って捻出することができた。しかし中村俊輔選手に登場してもらった二枚目は、もろもろの事情によって資金集めができなくなった。そこで、会長である私が半分を負担し、少しお金に余裕のありそうな副会長二人にそれぞれ四分の一ずつを出してもらった。

三回目のモデルには直接会って依頼した。対象は、東海大相模高校、東海大学の一学年後輩で、東京読売巨人軍の原辰徳監督だった。

それまで話をする機会はあまりなかったが、原監督には好感を持っていた。優しく素直な人柄で、周囲への気配りが行き届いた人物だった。これは高校生のときからまったく変わっていない。一学年下ながら、心から信頼し尊敬できる存在だ。

二〇〇九年三月、原監督が率いるワールドベースボールクラシックの日本代表チームは、見事世界一に輝いた。巨人軍の監督としても、ペナントレースと日本シリーズで優勝を果たした。シーズン終了後はマスコミの取材などでスケジュールが詰まっていたことだろう。そんな多忙な時期に、わざわざ時間を作ってもらった。

面会し、いじめ防止活動の趣旨を説明した。原監督は即答した。

「先輩の言うことなら、何でも協力しますよ」

原監督の厚意が嬉しかった。嬉しかったが、問題が一つあった。

「いや、そう言ってくれるのは本当にありがたい。でもな、県体協には実は予算がほとんどないんだよ……」

原監督は、これにも即答してくれた。

「そんなこと気にしないでください。まったく問題ありませんよ」

四回目は、元プロテニスプレーヤーの杉山愛さんにお願いした。杉山さんは横浜生まれの茅ヶ崎育ち、小学校から高校まで県内の学校に通っている。神奈川県に縁があるばかりか、私との関わりもあった。その昔、杉山さんと二人で丸大ハムのコマーシャルに出演したこともある。

いじめ防止のポスターは、神奈川県の教育機関だけでなく交番、県内を通るJR、私鉄、バスなどにも貼ってもらった。多くの企業や団体の協力なしに、この活動は成り立たなかっただろう。スポーツと神奈川県を愛し、神奈川県の発展を願う多くの人と手を握り、県体協の活動を成功させたいと思っている。これからも、神奈川県から教育的視点を持ったスポーツの新たな価値を創造し、発信していきたい。

一般体育が必修科目から外れる

全日本柔道チームの監督としてシドニーオリンピックに向けた準備を進めていた二〇〇〇年、東海大学教育審議会による会議が開かれた。その会議で、体育学部教授としては衝撃的とも感じられるカリキュラム改訂が採択された。

二〇〇一年度より、東海大学全学部学科共通の必修科目から一般体育が外される。必修科目か選択科目かの決定は、各学部学科に一任するという内容だった。結果として文学部など半数程度の学部学科が選択科目に変更してしまうことになる。大学の決定に対して、憤りを抑えることができなかった。

一般体育を学生に受講させる最大の狙いは「体育理論を学び、実際に体を動かすことによって、生涯にわたってスポーツに親しんでもらうこと」である。この機会が失われることで、様々な問題が引き起こされると考えた。

これまで、日本では大学を開設するときに一般体育を必修科目とすることが義務づけられていた。大学教育にとって、一般体育の重要性が正当に認識されていたからにほかならない。しかし、一九九三年一〇月に発表された大学設置基準改正により、一般体育は必ずしも必修科目とする必要がなくなった。それでも、東海大学では引き続き必修科目とすることを守り続けてきた。

東海大学の創設者松前重義先生は、その前身となる望星学塾を開設したときに四つの規範を掲げた。

「若き日に汝の思想を培え」
「若き日に汝の体躯《たいく》を養え」
「若き日に汝の智能を磨け」
「若き日に汝の希望を星につなげ」

松前先生は、体育・スポーツの持つ意義が大学教育にとって特に重要だという認識を持っていた。だからこそ、建学の精神の一つに言葉として盛り込んだはずだ。

東海大学が大学設置基準では必修とする必要のなくなった一般体育を、引き続き全学部学科の必修科目としてきたのは、松前先生の強い思いを継承してきたからだ。

スポーツは体力向上、競技力向上だけが目的ではない。自らの体を動かすこと、汗をかくことによって体調が良くなることも、気分が軽くなることもある。ストレス発散に役立つことも重要な役割だと思っている。もちろん、一般体育の授業を受講したことで、学生の体力や競技力を向上させるという点も大事である。しかしそれ以上に、一般体育の授業を通じてスポーツの楽しさや価値を頭と体の両面で理解し、生涯にわたってスポーツに親しむ機会を持ち続けてもらうことが大切だと考えている。

なぜ二〇〇〇年になって必修科目から外されてしまったのか。疑問は質しておきたかった。一般体育を管轄する体育学部の教授として、スポーツを通じた人間教育の大切さを訴え続ける者として、カリキュラム改訂の真意を確認せずにはいられなかった。

担当する教学部長との面会の日、私は自説を交えながら一時間半にわたって熱く訴え続けた。教学部長は気持ちが高ぶっている一介の体育学部教授の言葉に、極めて冷静な態度で一つひとつ丁寧にメモを取りながら耳を傾けてくれた。

議論を交わすなかで、新たに感じたことがある。

全学部必修が義務づけられる教科は、大学教育にとっては「核」と位置づけられるもののはずだ。翻って考えてみると、一般体育を管轄する体育学部として、大学教育の核となる教科を学生に学んでもらおうと真剣に取り組んできただろうか。

ひょっとしたら、一般体育が必修にふさわしい教科ではないと断じられたのではないかもしれない。体育学部の教員が必修は当たり前だと勘違いし、甘えていたことに問題があったのではないだろうか。

確かに、指導に真剣味が欠けていた点は否定できない。授業のコマ数に応じた教員を採用しているにもかかわらず、一般体育の授業は非常勤講師に任せきりだった。体育学部としての専門教育に熱心な教員はいても、専門科目と同じだけの熱意を一般体育に注ぐ教員が果たしてどれだけいただろうか。

一般体育の選択科目への移行は、体育学部にとってはたいへん大きな問題である。多くの教員は反発した。しかし、教学部長との対話を経て、私のスタンスはすでに変わっていた。これは東海大学本部の問題ではなく、体育学部の問題である。大学を非難する前に、必修という状態にあぐらをかいていたわれわれが変わる必要がある。

一般体育の選択制が開始された二〇〇一年四月、恩師の佐藤宣践先生がタイミング良く体育学部長に就任した。

佐藤先生は、就任するとすぐ「学部構想検討委員会」を立ち上げた。将来の体育学部のあり方を議論する組織である。佐藤先生は、その委員会のなかに一般体育を再度必修科目に復活させるための非正規組織を作るという。その体育学部長直轄の組織のヘッドに私が指名された。

そもそも、体育学部には「一般体育委員会」という正規の組織があった。トップには一般体育主任という役職者がいた。その存在を差し置いて指揮を取るのは、正直なところ荷が重かった。教学部長の部屋に乗りこんで直談判するようなまねをしたが、当時は組織をリードするほど一般体育の知識を持ち合わせていなかった。戸惑っていると、佐藤先生から強い言葉で説得された。

「この問題は、体育学部内でいくら議論してもおそらく動かないだろう。一般体育についておまえが何も知らないのであれば、おまえより詳しい先生をメンバーに集めればいいじゃないか。おまえが中心となっていろいろな意見をまとめたものを、大学側、あるいは大学本部に対して働きかけなければならない。その役割を果たせるのは、おまえ以外にない。おまえ以外では、インパクトがないのだ」

こうして、一般体育再必修化へ向けた第一歩が踏み出された。一年ほど組織で議論を深めているさなか、ちょうど一般体育主任の任期が切れた。後任に指名され、並行して走っていた二つの組織が一つになった。再必修化に向けた動きはここから加速していくことになる。

必修科目に戻したければ、まずは自分たちが必修科目にふさわしい指導体制を整えなければならない。委員会では、一般体育の授業内容や教員の取り組み姿勢を再考するとともに、勉強会や研修会を開いて知識を深めていった。その成果をもって大学側に働きかけた結果、二〇〇八年のカリキュラム改訂でようやく再必修化にこぎつけることができた。再必修化に向けて動き始めてから七年後のことだった。実施されたのは二〇一〇年四月からなので、トータル約一〇年かかったことになる。

人間は、己を磨き高めることを時おり忘れる。

チャンピオンになりたい、プロ野球選手になりたい、社長になりたい、金持ちになりたい。思いを持つのは大事なことだ。ただし、その前にやるべきは、チャンピオンや社長というものにふさわしい人間になることだと思う。

一般体育再必修化も何ら変わるところはない。一般体育が必修科目にふさわしくなったことで、再必修化が実現したのだと思う。一般体育が大学教育として欠くことのできない教科として再認識される。東海大学だけでなく、より多くの大学が追随してくれることを願っている。

地元高校との提携

二〇〇九年四月、東海大学体育学部長に就任した。

最初の大型案件として取り組んだのが、神奈川県の平秦《へいしん》地区と呼ばれる地域にある県立高校と特別支援学校との提携だった。

東海大学体育学部は、平塚市、秦野市、伊勢原市、二宮町、大磯町の県立高校一四校と、特別支援学校六校からなる校長会と教育交流に関する協定を結んだ。九月一一日には、大磯高校校長の志澤秀一会長（当時）と調印式に臨んだ。

大学と高校の提携は、全国的に見れば珍しいことではない。

ただ、大学の一つの学部と地域の高校群が教育の分野で連携する取り組みは、全国でも極めて例が少ないと聞いている。きっかけとなった出来事は、神奈川県体育協会のいじめ防止活動の一環で標語を募集したときにさかのぼる。

神奈川県の大磯町に在住する私は、せめて地元の学校から応募があるようにと、近隣の小中高校に出向いて応募の依頼をした。そこで大磯高校の志澤校長と出会った。志澤校長は、応募に協力する旨快諾してくれた。会話の流れから、平秦地区と東海大学との間で教育的な協力関係を構築したいという依頼があった。

まだ学部長ではなかった私は、一般体育主任として一般体育の再必修化に向けて奮闘していたときだった。提携を推進する権限がないので、東海大学本体か体育学部長に直接持ちかけてもらいたいと伝え、その場は終わった。

時は流れた。提携の話はまだ進んでいなかった。体育学部長就任から二カ月が過ぎた五月のある日、志澤校長に連絡を取った。

「先生、学部長になりました。ついては、以前先生がお話しされていた提携の話を進めませんか」

行動力にあふれる志澤校長は、さっそく六月の平秦地区校長会に私を招き、その場で提携が決定した。細かい事務手続きは体育学部長補佐の今村修教授に一任し、三カ月後の九月には調印の運びとなった。

提携の内容は主に二点である。東海大学体育学部が、各高校の運動部に学生コーチを派遣して指導を支援する。各高校は東海大学体育学部で教員を志す学生に対し、教育体験（授業参観や授業補助など）をする機会を設ける。

大学四年生の夏に行われる教育実習は、長くても三週間ほどである。わずかな期間教育の現場に触れただけでは、大学生と高校生の真の姿はお互いに見えてこない。提携によって、数年間継続的にお互いが触れ合うことになる。高校生や高校の先生には大学や大学生の姿が見え、大学生や大学の先生には、高校や高校生の真の姿が見えてくると思う。こうした人材交流を続けていけば、副産物として必ず濃密な人間関係が生まれる。双方にとって、これ以上ない大きなメリットが生まれるのではないだろうか。現在は二つの交流内容が中心となっているが、多くの可能性を秘めている取り組みだと期待している。ゆくゆくは地元の中学校、小学校とも交流を広げ、地域の教育力を上げていくことを視野に入れている。

将来はこの取り組みを全国に広げ、日本の教育力を向上させることにつなげていきたい。東海大学にできて、ほかの大学にできないはずはない。東海大学がノウハウを独占するつもりも毛頭ない。ほかの大学をライバルだと思っていては、大きな広がりは期待できない。

県体協のいじめ防止活動を展開するときにこう断言した。

「神奈川県だけでやっても意味がない。神奈川県から、新しい風を日本全国に向けて吹かせていきたい」

大学と地域の提携も、発想はまったく同じだと思っている。

武道必修化に期待すること

二〇一二年四月から、中学校の体育の授業で武道が必修になった。

柔道、剣道、相撲のなかから学校で一種目を選択して教えるという形になる。文部科学省のホームページの「中学校武道・ダンスの必修化」について書かれたページでは武道をこう定義している。

「武道は、武技、武術などから発生した我が国固有の文化であり、相手の動きに応じて、基本動作や基本となる技を身に付け、相手を攻撃したり相手の技を防御したりすることによって、勝敗を競い合う楽しさや喜びを味わうことができる運動です。また、武道に積極的に取り組むことを通して、武道の伝統的な考え方を理解し、相手を尊重して練習や試合ができるようにすることを重視する運動です」

私は柔道家なので、ここでは武道のなかから柔道をピックアップしてお話ししたい。

必修科目になったからには、中学生が柔道を理解し、柔道を好きになるような授業を展開してほしいと思う。授業時間だけではなく、生涯を通じて柔道をやりたいと思えるような、興味を喚起する授業にしてほしい。技が上手くなることや勝ち負けなどは二の次、三の次でいい。
考えてみれば、柔道着を着て畳の上に立つだけで、日本の伝統的な習慣に触れられることを知ってもらいたい。
畳の上に裸足で立つ
着物（柔道着）を着る
正座をする
日本式の座礼をする
畳の部屋が急速に減少している現代の日本では、畳の上で正しい姿勢で正座をする機会はほとんどなくなってしまった。そうなると、座礼をする習慣が残っているほうが不思議である。時おり浴衣を着る機会があるかもしれないが、日常的に着るものは洋服がほとんどになった。子どもたちにはぜひ、日本人の日常生活から失われつつある伝統的な習慣、考え方、ひいては日本人の心を学んでほしい。
柔道では戦う相手を敵とは考えない。柔道で最も大切なのは、戦った相手を尊敬することである。相手がいるからこそ自分を磨き高めることができる。この気持ちを表しているのが日本式のお辞儀である。

イスラム圏では、アッラーの神以外には頭を下げることはないそうだ。欧米では感謝や敬意ではなくお詫びの意を表すときに使われることが多いという。

一方、日本では相手に対する敬意を表すときにも頭を下げる。子どもたちには、心から相手を尊敬することが礼につながることを学んでほしい。

柔道の「道」とは何か。

道というのは、柔道を通じて学んだことを、日常生活や人生で生かせることだと考えている。きちんと礼ができること。これを柔道場だけでやっても意味はない。家に帰っても、学校の教室でも実践していくことが大切になる。

柔道を学んで体が丈夫になり、精神的にも逞しくなれば、次はそれを日常生活でどのように生かしていくかを考えられる子どもになってほしい。

電車やバスで席を譲る、お年寄りの重い荷物を持ってあげる、困っている人を見かけたら声をかけて支援を申し出る。そうした精神を学び取るだけでも、武道必修化の価値が生まれると思う。

そうなると、教師の指導力が問われることになる。武道を教えるには専門的な知識や経験が必要になるので、十分な経験がない先生には外部から専門家のサポートを入れてもいいだろう。しかしこれについては、いまのところ各自治体で対応が異なっている。まだ十分な態勢が整っているとは言えない状況ではないだろうか。

武道必修化の目的は、つまるところ武道を教えることではない。武道はあくまでも切り口にすぎず、柔道や剣道や相撲を教材として日本の文化や日本の心を学ぶことだということを忘れてはいけない。

時代とともに変化するものがある一方、変わってはいけないものもあると思う。日本古来の大切なものが失われつつある昨今、すべての子どもたちが武道を学びながら、日本の文化や日本の心を体得してほしいと願っている。

第六章
世界を背負う

〝柔道家〟プーチン大統領と

日本の精神を伝える

ライフワークとしている活動の一つに「スポーツを通じた国際交流」というものがある。この活動の原点には、東海大学創始者の松前重義先生から受けた影響が大きく関係している。

一九九一年八月二五日に八九歳で亡くなった松前先生には、孫のように可愛がってもらった。まだ若いころに、よくこんな話を聞かされた。

「山下くん、僕がなぜきみを応援するかわかるかね？　もちろん、試合で勝ってほしいということもある。しかしそれだけではない。日本で生まれ育った柔道を通じて、世界の若者との友好親善を深めてほしいのだ。それだけではないぞ。スポーツを通じて、世界平和に貢献できる人間になってほしいのだ。僕はそんな思いできみを応援しているんだよ。わかってくれるかな」

日本がボイコットしたモスクワオリンピック。国際柔道連盟（ＩＪＦ）会長だった松前先生は、モスクワに赴いてソ連の要人たちと会談するという。失意に沈む私にも、オリンピックを見学に行くよう勧めてくれた。そのうえ、ソ連の要人との会談に同席するよう言われた。

モスクワに同行した人はほかにも大勢いた。オリンピックチャンピオンの猪熊先生も、世界チャンピオンの佐藤先生もいた。多くの先生方がいるというのに、松前先生は二三歳で大学院生の私に声をかけた。

「なぜ俺がこの席に座っているんだろう」

会談が終わっても、意味を理解することができなかった。あとになって秘書の方に聞いたところでは、松前先生は期待を込めてこんな話をしていたという。

「山下くんは将来、日本と海外との交流で大事な場面に出ていくことがあるだろう。そのときのために、少しでも多くの場を経験させてやりたいのだ」

松前先生は、一九七九年一二月に行われるＩＪＦ会長選挙に立候補することを決意した。そのとき、立候補するに至った心境をテープに吹き込んでいた。当時松前先生の秘書を務めていた人の手元に、テープを文字に起こした文書が保管されていた。三〇年経った二〇〇九年になって、埋もれていたこの文書が発見された。

文書には、松前先生が掲げるスポーツを通じた国際交流の理念が余すところなく描かれている。一部をご紹介する。

「私が国際柔道連盟の会長に立候補したのは、この世界の人々に愛され親しまれた柔道のより一層の普及を通じて、日本の文化を世界に理解させ、日本のイメージを変え、新しい日本像をつくりだすためでもある。私は突然この立候補を決意したのではない。私は私なりにこの十五年間にわたって考え、そして行動してきた、文化の国際交流の仕事の一環として、そしておそらく最後の仕事として、この立候補を決意したのである」

文書の末尾に、私が目指すところに通じる言葉がある。

「私は昨年、喜寿を祝ってもらった。そして私は残された生涯を、十五才の時から六十年以上、熱愛してきた柔道と、その道を通じて日本将来に明るい展望を切り開く仕事にささげることを決意した。そして、この仕事はスポーツによる世界の交流の発展という面から世界の平和にも寄与できるだろう。柔道は、最も平和的かつ礼節を重んずるスポーツであり、それは日本の精神の結晶であるといってよい。私は、この精神を世界に広めてゆきたい」

当時、松前先生の言葉の真意や行動の意味が本当にはわかっていなかった。恥ずかしながら、真に理解したのは先生が亡くなったあとだ。指導者としての人生を終えて次のステップに差しかかったころのことである。

松前先生はＩＪＦ会長に在任中、柔道の世界的普及を願うモットーを掲げられた。

「柔道・友情・平和」

この標語には、嘉納治五郎師範が提唱した「自他共栄」の精神に通じるものがあると考えている。柔道を通じて日本の精神を世界に伝える。松前先生の教えこそが、現在私が展開している活動のすべてにつながっている。

プーチン氏との縁

これまで柔道一筋、スポーツ一筋、教育一筋で活動してきたので、官庁との関係で言えば文部科学省との接点があった。小渕恵三首相が立ち上げた教育改革国民会議の委員として、あるいは中央教育審議会の第一期・第二期の委員として、スポーツ界の代表という立場から教育のあり方について発言してきた。

二〇〇二年の秋ごろ、一本の電話が入った。まったくおつき合いのなかった外務省からの連絡だった。

「一度お会いして、ご相談したいことがあります。お忙しいでしょうが、ぜひ時間を作っていただけないでしょうか」

この一本の電話こそ、私がスポーツを通じた国際交流に本格的に踏み込んでいくきっかけとなった。

外務省から連絡がある数年前から、プーチン大統領（当時）との親交を深めていた。外務省としては、プーチン大統領と私の親密な関係を見込んで声をかけてきたのだと思う。彼らから聞かされたのは、このような要請だった。

二〇〇三年一月、モスクワでプーチン大統領と小泉純一郎総理大臣の会談が予定されている。以前に行われたＡＰＥＣでの会談は、あまり雰囲気が良くなかった。会談を友好的に進めるため、小泉首相が柔道好きのプーチン大統領に持参する土産話を一緒に考えてほしい。

外務省との打ち合わせの席で確認された案は三つあった。

「二〇〇四年のアテネオリンピックに向けて、日本とロシアの柔道チームが合同合宿をやっていきましょう。ロシア代表チームが日本に来てくれれば、山下が責任をもって強化を支援します」

「二〇〇三年五月に開かれるサンクトペテルブルク（旧・レニングラード）建都三〇〇周年記念祭の式典に山下を同行させます。その機会に、若き日のプーチン大統領が稽古を積んだ柔道場で、日露首脳会談を開催しましょう」

「すでに英語、フランス語、ドイツ語、イタリア語で翻訳されているプーチン大統領の著書の日本語訳を出版し、山下が本の帯に推薦文を書きましょう」

結局、一月の日露首脳会談は終始和やかな雰囲気で進行したという。

ちなみに、約束通り私はサンクトペテルブルクに同行し、プーチン大統領が稽古を積んだ柔道場までご一緒した。その後、プーチン大統領と小泉首相は、二階に上がって首脳会談に臨んだ。

参考までにお話しするが、サンクトペテルブルク建都三〇〇周年式典に訪れた世界四〇カ国余りの首脳のなかで、プーチン大統領と個別会談の席を設けられたのはアメリカのブッシュ大統領と小泉首相だけだったという。

外務省がアプローチしてきた背後には、橋本龍太郎元首相の存在があった。剣道をやっていた橋本先生は、柔道を通じた私の活動を温かく見守ってくれていた。その橋本先生が、外務省の欧州局長に山下に話を持ちかけろと言ったそうだ。

「おい、プーチン大統領は柔道が大好きだろう。山下くんにも協力してもらって、日露関係をうまくつなげることを考えてみなさい」

プーチン大統領と小泉首相の会談がうまくいったことに気を良くしたのか、外務省は二〇〇四年四月、私を日露賢人会議のメンバーに選んだ。

日露賢人会議は、二〇〇三年一〇月のＡＰＥＣ首脳会合のときに行われた日露首脳会談において、小泉首相とプーチン大統領の間で設立が合意された。日本側の座長には森喜朗元首相が就き、他のメンバーには学界、財界の重鎮が顔を並べた。外務省のホームページには、日露賢人会議設立の意義が書かれている。

「日露の有識者が日露関係の強化に向けた中長期的な展望につき大所高所から議論することにより、日露関係の進展のテンポを維持・強化していく」

大所高所である。私にはあまり似つかわしくない役割だと思った。友人に「ニチロケンジンカイギ」に選ばれたというと、揃いも揃って言われた。

「ニチロケンジンカイギ？　おまえ、熊本県人じゃなかったか？」

日露賢人会議で、経団連会長（当時）の奥田碩《ひろし》さんと出会った。奥田さんは一二歳で柔道を始め、一橋大学柔道部にも所属した柔道家だった。この出会いによって、現在に連なる活動が大きく一歩を踏み出すことになる。

そのころ、国際柔道連盟の教育コーチング理事として教育的価値の高い柔道の普及や発展途上国の支援に奔走していた。とはいえ、国際柔道連盟の予算は潤沢ではない。活動資金は全日本柔道連盟、講道館、外務省、国際交流基金、民間企業などに協力を仰いでいた。

活動の様子を耳にした奥田さんに言われた。

「山下くん、あなたは素晴らしいことをやっていると思います。しかし、そのために必要なお金集めに奔走するばかりで、肝心の素晴らしいことをやる時間が削られているのではないですか？」

奥田さんが続ける。

「時間は限られています。その限られた時間を有効に使うために、小さくてもいいから組織を作ってはいかがでしょうか。広く浅く多くの人に協力してもらうのです。僕の名前でよければ、いくらでも使ってくれて構いませんよ」

奥田さんに提案されたことなど想像したこともなかった。確かに、一人でやっているとたいへんなことは多い。しかしながら、組織を立ち上げて多くの人の理解、協力、支援を得ると、責任の大きさがまるで変わってくる。素晴らしい提案だが、そこまで踏み込んでいいのだろうかと迷った。

人に相談し、熟考する過程で、柔道を通じた国際交流を推進するためには、やはり組織を作った方が大きく進展すると考えるようになった。こうして設立されたのが「NPO法人柔道教育ソリダリティー」である。二〇〇六年四月、柔道を通じた国際交流を進めるうえでのベースとなる組織が確立された。

設立に当たっては、奥田さんのほかに京セラ名誉会長の稲森和夫さん、講道館館長にして全日本柔道連盟会長でもある嘉納行光先生、東海大学松前達郎総長から温かい言葉を寄せてもらった。

「柔道家」プーチン氏の誠意

NPO法人柔道教育ソリダリティーの主要な活動は、外務省、国際交流基金、国際協力機構、東海大学と連携しながら、世界の柔道発展途上国へリサイクル柔道着や畳を配布する取り組みである。

国際柔道連盟には、現在一九九の国と地域が加盟している。しかし、多くは貧しい国である。柔道をやろうと思っても柔道着がなく、短パンとTシャツに身を包んだ人たちが「柔道まがいのこと」をやっているのが現実である。

日本では考えられないことだが、一着の柔道着を何人かで着回しているところもあるという。少しでも多くの人に柔道着を着てもらい、正しい柔道をやってもらいたいというのがこの活動の趣旨である。

リサイクル柔道着の配布活動は、全日本柔道連盟と講道館、それに国際柔道連盟の共同事業として以前から行われていた。私が国際柔道連盟の教育コーチング理事選挙に敗れて以降、その事業をソリダリティーが引き継ぐ形になっている。

二〇一一年度はグアテマラ、ネパール、ベネズエラ、パラオなど、世界一二カ国に六一七着の柔道着を贈った。現在までの累計では一四〇カ国以上にのぼっている。

その他の事業として、指導者や学生ボランティアを海外に派遣し、柔道の指導を行っている。私も井上康生君とロシアで柔道教室を開いたこともある。決して十分な態勢を整えられているわけではないが、外国から指導者や選手を受け入れて研修の機会も設けている。さらに、例えば『姿三四郎』など日本の柔道の文献を、様々な言語に翻訳する事業も手掛けている。

なかでも、柔道教育ソリダリティーの活動として突出しているのが、ロシア、中国との交流である。まず、ロシアとの交流についてお話ししたい。

ロシアとの交流を語るうえで、プーチン氏は欠かせない人物である。初めてお会いしたのは二〇〇〇年のことだ。九月、プーチン大統領（当時）は森喜朗首相との首脳会談のため来日し、講道館を訪れた。柔道着に着替えたプーチン大統領は、嘉納行光館長（当時）から六段の証書と、六段から八段が締める紅白帯を贈呈された。

館長に帯を締めるよう勧められたプーチン大統領はこれを断った。プーチン大統領の段位は四段だったという。

「私は柔道家です。六段の重みはよくわかっているつもりです。私はまだ、この帯を締められる立場にありません。稽古に励み、早くこの帯を締められるようになりたいと思います」

拍手が起こった。当初は素直に帯を締めない大統領をいぶかしんでいた周囲は、真意を聞くや一瞬にして心を奪われたように見えた。

その日、プーチン大統領はこうも語った。

「講道館に来るとわが家に帰ってきたような気になります。私だけでなく、世界中の多くの柔道家が同じような気持ちになるのではないでしょうか。なぜなら、講道館は世界の柔道家にとって第二の故郷だからです。柔道が世界に広まるのは素晴らしいことだと思います。私は柔道を通じて日本人の心や考え方や文化が、世界に広まっていくことを望んでいます」

毎年一二月、サニックス旗福岡国際中学生柔道大会が開催されている。二〇〇四年には、大会にサンクトペテルブルクの子どもたちを招待した。

その会場で、ロシアの友人と「もう一チーム呼ぶならどこがいいか」という会話になった。思い浮かんだのは、北オセチア共和国のベスランだった。

二〇〇四年九月、ベスランではチェチェン共和国独立派を名乗る武装集団によって学校が占拠される事件が起きた。死者三八〇名以上、負傷者七〇〇名以上という多数の犠牲者を出した悲しい町だった。

ベスランは、もともと柔道が盛んな地域である。過去には素晴らしい柔道家も出している。私たちが間に入って交渉し、外務省と主催者が中心となって二〇〇五年一二月の大会にベスランチームを呼ぶことになった。

サニックス旗福岡国際中学生柔道大会を翌月に控えた二〇〇五年一一月、プーチン大統領が日露首脳会談に出席するため、二〇〇三年以来となる来日を果たした。

ロシア大使館を通じて、嘉納治五郎師範直筆の「自他共栄」の書を贈りたいと申し入れていた。この書のかつての所有者は佐藤先生だった。あるとき「これは俺が持っているよりおまえが持っていたほうがふさわしいだろう」と譲られていた。私の保有する数少ない宝物の一つである。

日本とロシアの間には、領土問題など難しい問題が存在している。これがほんの少しでも良い方向に進むために、嘉納師範の書が役に立つかもしれない。そんな気持ちでプーチン大統領に渡したいと考えたのだ。

首脳会談の前夜に面会が設定された。プーチン大統領は真っ先に言った。

「ヤマシタさん、柔道の交流を通じて、テロで傷ついたベスランの子どもたちを励ましてくれるそうですね。ロシア国民を代表して、心からお礼を申し上げたい」

まだ実現もしていないというのに、なぜそんなに小さな交流までプーチン大統領は知っているのか。たいへん驚いたことを覚えている。

その後、書の贈呈に移った。プーチン大統領には、書と一緒にメッセージを贈った。

「日本とロシアが、共に協力しながら発展していく。このことを願って、嘉納師範の書をプレゼントさせていただきます」

言葉を聞きながら、大統領がだんだんと興奮していく様子がわかった。口をついて出てきた言葉をいまでも鮮明に覚えている。

「これは本物ですか？　コピーですか？」

胸を張って「もちろん本物です」と答えた。柔道をやったことのない人には何の感慨もない書かもしれないが、柔道を愛し、いまでも稽古に励むプーチン大統領にとっては、嘉納治五郎師範直筆の書というのはたいへんな価値を持つ。

「だとすれば、とても私個人のものにすることはできません。みんなで共有することにしましょう」

ロシアに帰国したプーチン大統領からすぐに手紙が来た。嘉納師範の書の礼に続いて書かれていたのは、私をロシアに招待したいという一文だった。

「来月、ロシアで子どもたちに柔道の指導をしたいと考えています。それを、ロシアの柔道の普及に役立てたいのです。ご都合がよろしければ、ぜひヤマシタさんをロシアに招待したいと考えています。しかし、私たちはお互いに年を重ねてしまいました。できれば、元気で生きの良い現役の柔道家を一人、一緒に連れてきてくれたらありがたいと思います」

井上康生君に声をかけると、入っていた予定をキャンセルして同行してくれた。三人は柔道着姿でロシアの子どもたちを指導し、楽しい時間を過ごした。

一二月に開催されたサニックス旗福岡国際中学生柔道大会には、ロシア全土をカバーするスポーツチャンネルの撮影クルーが取材に訪れた。

「柔道を通じて、日本人がテロで傷ついた子どもたちを励ましている。それを、すべてのロシア人に知ってもらいたい」

後日、この番組はロシア全土で放送されたそうだ。この番組を見た一人でも多くのロシア人が、日本に関心を持ってくれれば嬉しいことだ。

幻のモスクワ五輪代表、ロシアを訪問

プーチン氏には、柔道の師匠がいる。アナトリイ・ラフリン氏である。

ラフリン氏はロシア柔道連盟の副会長を務め、教育担当の責任者という立場を担っている。プーチン氏がこれほど柔道を愛するようになったのも、ラフリン氏から感化されたのではないかと思わせるような熱い指導者だった。

二〇〇七年九月、リオデジャネイロで開催された国際柔道連盟の総会で、教育コーチング理事の選挙に敗れたことはすでにお話しした。しかし、負けたからといって世界選手権を見ずに帰るわけにはいかない。リオに滞在して観戦していた私のもとを、ラフリ

ン氏が訪ねてきた。選挙から二日後のことだったと思う。

ラフリン氏を見かけたことはあったが、会話をしたことはなかった。初めての面会で
ラフリン氏は熱く訴えかけてきた。

「ヤマシタさん、いまの柔道を見てください。日本の本来の柔道からかけ離れてしまったと思いませんか。組み合う姿勢も悪く、一本を狙う姿勢も薄れています。柔道の心さえも薄れてしまいました」

世界の柔道の現状を憂うラフリン氏の訴えは続く。

「柔道は教育的なスポーツです。人間形成に非常に役立つスポーツです。私はそう信じて指導を続けてきました。できれば、私はロシアで日本の正しい柔道を指導したいと思っています。それだけでなく、本当の柔道の心をロシアに伝えたいのです。ぜひ協力していただけないでしょうか」

少し時間はかかったが、ラフリン氏と交わした約束は二〇〇八年五月に実現する。

幻のモスクワオリンピック代表選手がモスクワに赴き、当時のソ連代表選手と交流を深めて日露親善に一役買おう。この企画を発案したのは、自身もモスクワオリンピック代表に選出されていた国際武道大学教授の柏崎克彦さんである。

これには私も賛同し、代表七人のうち都合のつかない一人をのぞく六人がロシアを訪問することになった。せっかくロシアに行くのであれば、現在のロシアの柔道を支援しようという話も持ち上がった。柔道教育ソリダリティーの後援により、幻のモスクワオリンピック代表一行のロシア訪問が実現した。

一行は、全ロシアから集まった柔道指導者たちに、一日半かけた講習会で日本の正しい柔道を丁寧に指導した。講習会の模様を収録したDVDは、ロシア国内に向けて教材として配布された。

翌日、ラフリン氏と私がパネリストとなってシンポジウムを開いた。柔道の教育的価値や柔道による世界平和への貢献などをテーマに熱く語り合った。

首相に就任したばかりのプーチン氏との晩餐会《ばんさんかい》も用意され、幻のオリンピック代表との会食も実現した。実は、事前にロシアの友人に申し入れていた。

「三分でも五分でもいい。日本の幻のモスクワオリンピック代表選手全員で、プーチン首相にお会いする時間を作ってもらえないだろうか」

友人は困った顔をして考え込んだ。言葉も歯切れが悪い。

「うーん……。ちょうどこの時期は、プーチン大統領が首相に変わったばかりで、一番忙しい時期なんだよ。頼んではみるけど、なかなか難しいと思うぞ」

　半ば諦めていた。にもかかわらず、プーチン首相は私たち一行を歓迎してくれた。ちなみに、この晩餐会の翌日、プーチン首相は組閣名簿を発表したそうだ。激務の合間をぬって時間を作ってくれたプーチン首相に感謝したい。

　ロシアとの仕事をするときに通訳を頼んでいる浅井信幸君によると、ラフリン氏は私を高く評価してくれているという。その理由は、一九七八年一月、大学二年生のときに出場したソ連国際柔道大会までさかのぼる。九五キロ超級と無差別級の二階級を制した私の試合態度が、ラフリン氏の記憶に強烈に残っているそうだ。

　まるで教科書に出てくるような柔道で一本勝ちを収めただけでなく、勝とうとするあまり反則技を繰り出す外国人選手に対し、穏やかな表情のままジェスチャーを使ってたしなめたのだという。

　そのときのことはまったく覚えていない。しかし、ラフリン氏にはそれこそが柔道の心だと映ったのだろう。ちょっとした振る舞いにも、その人の持っている基本的な考え方や姿勢が表出する。その場では直接的な何かが起こらなくても、めぐりめぐっていろいろな活動に影響を与えるものだと感じたエピソードだ。

ロシアに柔道の心を伝えるため、ラフリン氏との交流は現在も続いている。

中国柔道界に協力する理由

二〇〇四年六月、国際柔道連盟の理事会が中国の上海で開かれたときのこと、夕食会の席で中国柔道協会副主席の宋兆年さんから相談を受けた。

「北京オリンピックは四年後に迫っています。女子は心配していません。しかし、男子のことを考えると、夜も眠れないのです。自国開催のオリンピックでは、何としてもメダルが欲しいのです」

中国女子柔道の強さには定評があった。一方の男子チームと言えば、お世辞にも柔道強国と言えるようなレベルになかった。宋副主席に両手を強く握られた。

「山下さん、中国男子チームの強化に力を貸してください」

当時の日中関係は最悪と言ってもいい状態だった。

二〇〇四年七月から中国各地で開催されたサッカーアジアカップの会場では、日本代表に激しいブーイングが浴びせられた。会場の外でも反日行為が頻発し、駐中国日本大使の公用車が破壊される事件などが起こった。

悪化していた日中関係を少しでも緩和し、両国のより良い関係構築の役に立ちたいと考え、宋副主席に約束した。

「多くの日本人が北京オリンピックの成功を願っています。われわれにできることは限られているかもしれませんが、できる限りの応援をさせてもらいます」

日本に帰ると、交流を深めていた経団連会長の奥田碩さんにこの話をした。

「山下くん、それは良い話だよ。私も協力するからぜひやりなさい」

最終的にはトヨタ自動車、全日空、新日鉄の三社の協力のもと、柔道教育ソリダリティーが中心となって、北京オリンピックに向けた中国男子柔道チームの強化を支援することが決まった。

動きが具体化するなかで、外務省の文化交流部から私に提案があった。

「山下さん、日中交流で活躍されていますね。でも、支援内容が短期的であるように感じられます。もっと中長期的な活動を一緒に展開しませんか」

話し合いの末、最初のプロジェクトは柔道場の建設に決まった。

「中国に柔道場を作り、柔道を通して両国の交流を深めていく。そして中国人に日本の心を伝えていく」

場所は青島に決定した。二〇〇七年一一月、日中友好青島柔道館がオープンする。外務省と柔道教育ソリダリティーが展開する中国支援に対し、素晴らしい活動だという評価の声が上がっている。一方では、公然と批判する人もいた。

「中国が強くなって、日本が負けたらどうする？」

「敵に塩を送ることになるのではないか？」

批判にはもちろん反論する。

「日本は中国からいろいろなことを学んできたという長い歴史があります。外務省の幹部も識者の方も、日本はアメリカ一辺倒ではいけないと考えているはずです。中国は本当に日本の敵ですか？　日本の国益を考えたら、中国との交流も必要なのではありませんか？」

こういうことを言うと、すぐに親中派だの共産主義者だのとレッテルを貼る人がいる。私は右でも左でもない。日本を愛する気持ちはだれにも負けない自信がある。ただ、その思いの三倍ぐらい世界平和を希求する気持ちが強いだけだ。

柔道を通じた中国やロシアや世界各国との交流は、嘉納治五郎師範の提唱した自他共栄の精神で取り組んでいる。自他共栄とは、文字通り自分だけでなく他人とともに栄えることを意味する。他国を利することは、めぐりめぐってすべて日本の利になって返ってくることになるとは考えられないだろうか。

しかし、中国アレルギーが強い人や日本だけが強くなればいいと考える人には、私たちの活動は利敵行為に映るようだ。目先の感情に左右されるのではなく、次世代の日本人の利益を考えるならば、偏ることなくいろいろな国との協力関係を作っていくことが重要だと考えて行動している。

その後、日中友好青島柔道館が一周年を迎えるに当たり、再び青島を訪問することになった。その際、中国側から取材を申し込まれた。国営の中国中央テレビだ。中国で最も人気のあるキャスターと、日中友好青島柔道館で柔道着を着て対談する。テーマは「柔道と日本の心」について。収録された映像は、四五分間の番組となって中国全土で放送された。こうしたことの一つひとつが、日本という国への理解につながっていくと期待したい。

青島に日中友好柔道館を建設する話が進んでいるさなか、次はぜひ南京に柔道館を作ってほしいという要請が持ち込まれた。

確かに、南京に柔道館ができるのは素晴らしいことだ。過去の歴史を考えると意義深いことでもある。ただ、少し先の話になるだろうと思っていた。日中友好柔道館には日本国民の税金が拠出されている。外務省が供与する、上限一千万円の「草の根文化無償資金協力」である。柔道館が日中友好に役立つと実証されてから、次を検討するべきだと考えていた。

青島柔道館が開館して一年もたたないころ、読売新聞にこんな記事が掲載された。

「南京に日中の柔道場、山下さんも動く」(二〇〇八年八月一五日付)

南京から申し入れがあったことは、まだ外務省に相談していなかった。記事が出てしまったので詳細を報告した。

「いい話じゃないですか。向こうもそれを望んでいるなら、青島の成果が出る前でも構わないのでさっそくやりましょう」

外務省の担当者は乗り気だった。すぐに南京柔道館の建設が動き出した。

私は南京の事情に通じていたわけではない。「不幸な過去」についての知識が少しばかりある程度だ。南京に行くまでの間に周囲から入ってくるのはネガティブな情報ばかりだった。初めて南京に入るときにはさすがに緊張した。

現地の人は、とても温かく迎え入れてくれた。柔道館への期待を、熱い口調で語ってくれた。南京大学で開催した講演会では、南京に柔道館を作ろうと決意した理由を尋ねられた。

「柔道を通した日中交流をするうえで、南京以上にふさわしいところを知らない」

会場からは大きな拍手が湧き起こった。

二〇一〇年三月、日中友好南京柔道館がオープンした。日本の多くのマスコミがこの話題を取り上げてくれた。日本国民にソリダリティーの活動を伝えてくれるのは嬉しいが、一点だけ残念だったことがある。NHKをのぞくほぼすべてのマスコミが、枕詞として「反日感情の根強い」南京という言葉を使った。

過去の歴史から、多くの日本人が南京を訪れることを躊躇する。しかし、南京に住む中国の方はそれほど反日感情は強くない。むしろ、日本企業や日本人との交流を望んでいるという。南京在住の日本人に聞いても、返ってくる答えは一様だ。

「何年も南京に住んでいるが、日本人だからと辛く当られたことは一度もない」

「日本にいるときに持っていたイメージとはまったく違う」

南京という町に日中友好を冠した柔道場ができたことの意味、そして南京の真の姿を多くの日本人に知ってもらいたい。

柔道教育ソリダリティーの活動は、施設を作ってからが本当のスタートだ。もちろん例外はあろうが、日本が外国に対する支援を行うとき、何かを作ってしまえば支援はそこで終わりというケースが多いと聞く。同じ轍《てつ》を踏まないよう、日中友好柔道館の支援を続けている。

ソリダリティーでは、青島柔道館と南京柔道館で子どもたちに柔道を教える中国人柔道指導者を、半年間ほど日本に招いた。そこで、基本に忠実な日本の柔道、正しい指導法を学んでもらった。

日本語や日本の文化についても勉強してもらった。中国の子どもたちに柔道を教えるとき、指導者が日本を理解しているかどうかは大きな問題だ。南京柔道館から研修に来た常東さんは、それ以来日本語の勉強を続けているという。彼は日本人以上に基本に忠実な指導をしていると評判だ。

青島柔道館の子どもたちが、日本の道場と始めた交流も継続されている。彼らは、開館以来三年連続で日本に来ている。日本から青島柔道館への訪問も始まった。こうした活動を継続的に支援することが、柔道教育ソリダリティーの真の役割である。

「病める日本」にスポーツが出来ること

二〇一〇年四月、文部科学省の「スポーツ立国戦略」策定に向けたヒアリングに呼ばれ、意見を求められた。冒頭、こんな言葉から話を始めた。

「今日の私は、オリンピックの金メダリストでも、日本柔道を率いてきた監督でもありません。競技者あるいは指導者という立場を離れて、国を憂う一教育者という立場から発言させていただきます」

このところ、子どもの体力低下が取りざたされている。しかし、私が危機感を覚えるのは体力よりも心の問題だ。これは子どもに限ったことではなく、大人を含めた日本人全体に及んでいる。

日本人はいま、心を病んでいると思う。

自殺者数は一九九八年から二〇一一年まで、一四年連続で三万人を超えている。躁鬱病、統合失調症、精神および行動の障害と認定される人の数も、九〇年代から急増しているそうだ。読売新聞の調査によると、心の健康に不安を抱えている人は三人に一人を数え、働き盛りの三十代、四十代に至っては四割に達するという。

原因の一つとして見過ごしてならないのは、過剰な競争社会から受けるストレスである。ほかにも原因を挙げればきりがない。目先の結果だけに拘泥し、勝ち負けだけを追いすぎる。個人の成績だけが評価され、仲間と協力する姿勢や助け合いの精神が評価されにくい。人生という中長期の視点が欠落している。

そのため、小さな失敗や挫折で簡単に心が折れてしまう。人間関係で苦労し、一度悪化した関係を修復することができない。仮にいまが自分にとって苦境だとしても、何とかそれに耐えて、将来の開花を待つという忍耐力が失われているのだと思う。

最も気になっているのは、若者や子どものコミュニケーション能力の低下だ。相手の気持ちを理解することができない。相手に自分の思いを伝えることができない。人と面と向かって話すことができない。これは深刻な問題だ。

多くの人は、やがて何らかの組織に属して仕事をすることになる。果たして、他人と協力することなしに進められる仕事があるだろうか。協力関係はお互いの相乗効果を生み、個人の能力を活性化するはずだ。

こうして危機的状況にまで病んだ日本において、スポーツが担う役割があると考えている。勝ち負けを追求するスポーツではなく、気持ち良く体を動かして汗をかき、できれば大勢の仲間と一緒に行動するスポーツだ。

スポーツに取り組むことによってストレスを発散することができる。鬱屈した精神状態にある自分を解放することで明日への活力が生まれる。フェアプレー精神が身につき、礼儀やマナーを知り、戦う相手を敬う精神が心に宿る。

スポーツをすると、様々な状況でグループができる。グループの仲間と力を合わせてプレーし、相手の心を思いやりながら、一方では自分の意見をしっかりと伝える。意見が異なった場合には、真摯に議論を重ねて解決すればいい。自然とコミュニケーション能力が培われ、やがて友が生まれる。

少々の失敗や挫折にめげることなく、自分なりの目標に向かって立ち向かう強い心も養うことができる。少しずつかもしれないが、自分を律することができるようになる。

現在のスポーツ界は、いかにして頂点に上り詰めるか、いかにしてオリンピックで金メダルを取るかという視点に偏りすぎだ。もちろん、輝かしい結果を残すことを追求するのをやめてはいけない。並行して、多くの人がスポーツに親しむ環境を作らなければならないと言いたいのだ。

これほど病んだ時代だからこそ、小さな子どもからお年寄りまで、もっと多くの人にスポーツが浸透してほしい。スポーツ界は、スポーツを通じて人々が生き生きと心豊かに生きていける環境を提供する義務があるのではないだろうか。
日本で生涯スポーツがなかなか普及していかない大きな理由の一つは、勝ち負けに執着する心だと思う。

一年間イギリスに留学したとき、なぜ柔道をやるのか尋ねて回った。

「柔道が好きなんだよ」

「こうやって柔道場で体を動かして、気持ち良く汗をかくのがたまらないんだ」

「俺はね、柔道をやったあとに仲間たちと一緒にパブに行くことさ」

答えは人それぞれだった。およそ九割の人は、試合で勝ちたいからだとは言わなかった。もちろん、彼らに勝ちたい気持ちがないわけではない。試合場での彼らは、目の色を変えて試合に臨んでいる。勝つことの優先順位が低いだけだ。

多くの日本人は、スポーツをやるときに、どのようなレベルでもまず勝ち負けを考える。勝負に勝てる人はスポーツが好きになり、勝てない人はスポーツが嫌いになってしまう。勝ち負けが前面に出て楽しめなくなっている。

子どもたちの間でも、スポーツが好きな子どもと嫌いな子どもにはっきりと分かれる二極化が進んでいる。正直に言えば、スポーツが好きな子どもは放っておいてもいい。

スポーツが嫌いで体力が低下している子どもたちに、いかにしてスポーツを楽しんでもらうか、スポーツを好きになってもらうかを考えなければならない。

そこで大事なのが、優先順位を変えることだ。

スポーツには勝ち負けはつきものだ。しかし、多くの外国人がそうであるように、まずはそのスポーツを楽しむことを最優先するべきだろう。自分が上達していることを感じ取り、自分で自分を褒めてあげることだ。他人から褒められることでもモチベーションは上がるが、人はそんなに褒めてはくれないと思ったほうがいい。褒められないからといってやる気を失っては元も子もない。

他人と比較しないことも重要だ。スポーツが嫌いな子どもたちは、他人と比較されてやる気を失うケースが多い。日本一や世界一を目指す人はとことんこだわっても構わないが、一般の人は自分のなかで進歩を楽しめばいい。

生涯スポーツが普及しない理由はそれだけではない。

日本オリンピック委員会（ＪＯＣ）が金メダルを取るために強化を図る。日本体育協会（日体協）が国民体育大会を成功させるために競技環境を整備する。各競技団体が競技の発展と選手の強化に尽力する。これらの活動に苦言を呈するつもりは毛頭ない。ただ、これらの活動には多大な費用がかかる。

残念ながら、日本のスポーツ界には潤沢な予算があるわけではない。ＪＯＣや日体協や各競技団体が現状のまま勝ち負けだけにこだわっていると、日本国民からこれ以上の支援を得ることは期待できない。

スポーツエリートだけで、メダル至上主義だけで、多くの人を巻き込める時代はすでに終わった。ＪＯＣや日体協や各競技団体は生涯スポーツの普及と振興に取り組み、日本人が生き生きと輝くための活動に手を貸す必要がある。こうした活動に多くの人々からの賛同が寄せられてこそ、厚い支援を得ることができる。

むろん、金メダルを取れという国民の期待がある以上、そこは避けて通れない。

しかし、それだけで協力が得られるのは発展途上国だけである。成熟した国家においては、金メダル獲得以外の社会貢献をすることなしに、世間の賛同と支援は得られないと考えたほうがいい。

競技スポーツと生涯スポーツを分断してはいけない。

生涯スポーツを推進しようとするとき、各競技団体がその気にならない限り大きな進展は望めない。国民のスポーツに対する関心、理解を求めるうえでオリンピックが重要な位置を占めることも忘れてはならない。オリンピックで金メダルを取ることと、生涯スポーツによって国民の心身の健康を取り戻すことはセットになっている。

感動は心の栄養になる。いま日本人に必要なのは、体の栄養ではない。

スポーツから生じる感動が、日本人の心の豊かさに直結する。これからのスポーツはそういう存在であってほしい。そのためにもスポーツ省が必要だ。これは競技スポーツを強化することだけが目的ではなく、明るく活力ある日本と、芯の強い日本人の復活のために必要なのである。

おわりに

私はいま、第四の人生を生きている。

第一の人生は、ライバルたちとしのぎを削った選手時代である。九歳で柔道を始めた私は、二八歳で現役引退を表明するまで、一九年間にわたって柔道界の一線を走り続けた。全日本柔道選手権大会九連覇、公式戦二〇三連勝、対外国人選手無敗といった記録は、いまだ破られていない。

現役引退後は指導者に転じた。これが第二の人生である。母校東海大学柔道部を率いたほか、全日本柔道チームの監督・コーチとしてバルセロナ・アトランタ・シドニーと三度のオリンピックに参加した。野村忠宏選手、古賀稔彦選手、井上康生選手、篠原信一選手など、素晴らしい教え子たちとめぐり会えた。指導者としての人生を振り返ると、まずまずの成果をあげられたと考えている。

シドニーオリンピックを最後に、選手、指導者として追求し続けた勝負の世界から離れる。このときから第三のステージに入った。力を入れたのは、国内外の柔道界を支える活動だ。講道館と全日本柔道連盟が合同で推進した柔道ルネッサンスプロジェクト、国際柔道連盟の教育コーチング理事。日本を含む世界中に柔道の心を普及、発展させるための活動に心血を注いだ。一〇年ほど前から、講演会や取材で話をする機会をいただくと、第三の人生を生きていると語ってきた。

最近の自分の活動を振り返ってみると、二〇〇七年に教育コーチング理事を離れてから変わりつつあるように思う。このころから、第四のステージに軸足を移したのであろう。現在はスポーツ、人間教育、国際交流という三つのテーマを複合的に絡めた活動を展開している。しばらくの間はこの活動が中心になっていく。

私は欲張りな人間だ。これから第五、第六の人生を重ねたいと願っている。第五の人生では柔道を再び前面に出し、柔道を通じた教育、柔道を通じた国際交流といった活動をさらに進展させ、ほかのスポーツにも大きく広げていきたい。そして、こうした仕事からすべて離れて第六の人生を送りたい。いつのことになるかわからないが、あらゆる方面に育っていった熱意ある教え子たちが、様々な分野で活躍する姿を見ながら悠然と暮らしてみたい。この世での役割を終えたとき、尊敬する偉大な師、嘉納治五郎師範と松前重義先生に迎えに来てもらうのが最後の夢だ。

「おまえが山下か。私の精神を理解して、よく頑張ってくれたな」

嘉納師範にそう声をかけてもらい、松前先生には労《ねぎら》いの言葉をもらいたい。

「ご苦労さん。私の見た目に狂いはなかったようだ。期待通りの活躍をしたね」

この夢を実現させるには、これからの人生をどのように送るかにかかってくる。そのときに参考にしている「果決」という考え方がある。

一〇年ほど前、ウシオ電機の牛尾治朗会長との対談で聞いた話である。牛尾会長のお父上は、思想家安岡正篤《まさひろ》と親交があった。間もなく社会人になろうとする時期、牛尾会長は安岡さんから果決という言葉を贈られたという。

「人生は果決である。どの花を残して、どの果実を実らせるか。それを選び取る勇気と決断が大事なのだ」

果決とは、みかん栽培に関する言葉だそうだ。質の良いみかんを実らせるには、いくつかの実を切り落とさなければならない。その作業をすることで、はじめて甘くおいしいみかんができるのだという。

人生も同じだと思う。若いころはともかく、この歳になって手当たり次第に仕事を引き受けていると、人生の大きな果実を実らせることはできない。二〇一二年六月に五五歳になる私は、多くの選択肢から大事にすべきことを選び取る年齢に差しかかったのではないだろうか。

最近取り組んだ仕事は、相手からもたらされることが多い。強い思いさえ持っていれば、必要なことには自分で気づくことができる。場合によっては、自分に必要なことは向こうからやってくるものだと思っている。これから先は、目先の成果だけではなく一〇年後、二〇年後に大きく広がる仕事をしたい。そして、若い人の育成をも担える仕事を大切にしていきたい。

若く有能な人材は育っている。私の目指しているものが本物であれば、若い人が私を乗り越えて、必ずその夢の実現に向かって突き進んでくれるものと信じている。

二〇一二年三月

山下泰裕

本書は神奈川新聞に掲載された「わが人生」（２０１１年１月１日～２月28日）に、
大幅な加筆・修正を施したものです。

山下泰裕　1957（昭和32）年熊本県生まれ。柔道家。東海大学教授・理事・副学長。84年のロス五輪で金メダルを獲得し国民栄誉賞を受賞。85年の現役引退後は、教育者として後進の指導、世界への柔道普及活動に携わっている。

Ⓢ新潮新書

463

背《せ》負《お》い続《つづ》ける力《ちから》

著者　山下泰裕《やましたやすひろ》

2012年4月20日　発行

発行者　佐藤隆信

発行所　株式会社新潮社

〒162-8711　東京都新宿区矢来町71番地
編集部(03)3266-5430　読者係(03)3266-5111
http://www.shinchosha.co.jp

印刷所　二光印刷株式会社

製本所　株式会社植木製本所

ISBN978-4-10-610463-3 C0275

価格はカバーに表示してあります。